Sebastian Leikert (Hg.)
Der Tod und das Mädchen

IMAGO
Psychosozial-Verlag

Sebastian Leikert (Hg.)

Der Tod und das Mädchen

Musikwissenschaft und Psychoanalyse im Gespräch

Mit Beiträgen von Ulrich Deutschmann, Sabine Ehrmann-Herfort, Anja Guck-Nigrelli, Hannes König, Sebastian Leikert, Antje Niebuhr, Bernd Oberhoff und Thomas Seedorf

Psychosozial-Verlag

Bibliografische Information der Deutschen Nationalbibliothek
Die Deutsche Nationalbibliothek verzeichnet diese Publikation
in der Deutschen Nationalbibliografie; detaillierte bibliografische Daten
sind im Internet über http://dnb.d-nb.de abrufbar.

Originalausgabe
© 2011 Psychosozial-Verlag
E-Mail: info@psychosozial-verlag.de
www.psychosozial-verlag.de
Alle Rechte vorbehalten. Kein Teil des Werkes darf
in irgendeiner Form (durch Fotografie, Mikrofilm oder andere Verfahren)
ohne schriftliche Genehmigung des Verlages reproduziert oder unter Verwendung elektronischer Systeme verarbeitet, vervielfältigt oder verbreitet werden.
Umschlagabbildung: Edvard Munch:
»Der Tod und das Mädchen«,
© The Munch Museum. VG Bild-Kunst, Bonn 2011.
Umschlaggestaltung & Satz: Hanspeter Ludwig, Wetzlar
www.imaginary-art.net
ISBN 978-3-8379-2146-5

Inhalt

Vorwort

Musik erscheint dem sprachdominierten Verstand als eine schimmernde Festung, die intim und uneinnehmbar vor ihm liegt. So vertraut uns Musik durch den täglichen Umgang und die vielen definierbaren Einzelheiten der Musikpraxis ist, so schwer ist sie in ihrer inneren Dynamik zu erfassen. Welche Spannung transportiert sie? Welche Themen, welche Emotionen berührt sie? Was können verschiedene wissenschaftliche Zugänge zum Verständnis dieser Kraftfelder beitragen?

Für die Psychoanalyse ist die Beschäftigung mit der Musik immer noch Neuland. Zwar besitzt die Psychoanalyse seit ihren Anfängen eine kursorische Tradition der Erforschung von Tiefenstrukturen der Musik, aber erst in letzter Zeit hat die Beschäftigung mit diesem präverbalen Medium einen Rahmen bekommen, der Forschungsaktivitäten bündelt und eine kontinuierliche Beschäftigung mit dem Thema ermöglicht. Mit der Gründung der *Deutschen Gesellschaft für Psychoanalyse und Musik* ist nun ein weiterer Schritt in die Richtung getan worden, ein konstantes Feld der Erforschung dieses für den Menschen so konstitutiven Mediums zu etablieren. Der vorliegende Band dokumentiert, eingeleitet von Dieter Ohlmeiers Grußwort der Deutschen Psychoanalytischen Vereinigung an den eben entstandenen Verein, das erste Symposion dieser Gesellschaft, nimmt aber auch weitere Arbeiten in diesem Umkreis auf. Zum ersten Mal wurde auf diesem Symposion auch der Versuch unternommen, Musik in einem Gespräch zwischen Psychoanalyse und Musikwissenschaft zum Thema zu machen.

Das Thema Der Tod und das Mädchen entspricht dem Wunsch, Musik in ihrer Tiefe auszuloten. Zweifellos vermag Musik zu unterhalten, zu erfreuen und zu trösten, keineswegs aber erschöpft sich ihre Möglichkeit im Divertimento. Leben und Tod, Eros und Thanatos, Vitalität und die Erfahrung von Zerstörung oder von Todessehnsucht – Musik geht auf die Grenzerfahrungen des Menschseins zu, sucht diese in ihrer emotionalen Kontur zu repräsentieren und der Erfahrung kathartisch zur Verfügung zu stellen.

Der Tod und das Mädchen: Zunächst denkt man an das Streichquartett und das Klavierlied von Schubert, denkt an den Tod als präferiertes Thema der Romantik. Warum aber wird der Tod in der Romantik so dominant zum Thema der Musik? Ist dies dem Umstand geschuldet, dass die seit der Aufklärung im Rückzug befindliche Religion den Menschen nicht mehr mit ihrem charakteristischen den Tod verleugnenden Jenseitsversprechen vor dem unschönen Faktum der Sterblichkeit abschirmt? Was leistet die Musik in der Auseinandersetzung mit dem Tod?

Seedorf untersucht im Vergleich zweier Schubert-Lieder charakteristische Wendungen der Romantik in der Aneignung des Todesthemas, die eher verleugnender Natur sind. Den Tod als »Schlafes Bruder« zu apostrophieren, nimmt ihm den Stachel der letztendlichen Vernichtung des Subjekts und sucht ihn in ein fantasiegefülltes Reich ästhetischen Möglichkeitsüberschusses zu transformieren. Der Autor belegt diese ästhetisierende Verharmlosung ebenso eindruckvoll wie deren Grenze an Schuberts Lebensende. Niebuhr macht in ihrer Interpretation der Strauss'schen Salome als Drama der Adoleszenz den Tod ein einem spezifischen lebensgeschichtlichen Kontext zum Thema. Lebhaft und facettenreich weiß sie die verzweifelte Suche der jungen und in pervers sexualisierten Kontexten aufwachsenden Salome nach Identität und Orientierung zu beschreiben und zeigt, wie das Abschlagen des Kopfes des Johannes zugleich eine verzweifelt utopische Lösung für diese Orientierungssuche und ein destruktiver Triumph im Befreiungsakt gegenüber den Erwachsenen ist.

Oberhoff beleuchtet, ebenfalls in der Analyse einer spezifischen Oper – Wagners Walküre –, ein transgenerationales Thema der Weitergabe von destruktiv-beschädigenden Introjekten in seiner Dramatisierung auf der Opernbühne. In genauer Lektüre des Librettos erschließt er die Tiefenstruktur der unbewussten Dramen und zeigt die für Wagner charakteristische Verknüpfung mit spezifischen Leitmotiven auf. Ehrmann-Herfort verfolgt anhand des Totentanzmotivs die Wurzeln des Bildes vom Tod und dem Mädchen zurück ins Mittelalter und stellt die verschiedenen Funktionen heraus, die diese ikonografische Tradition für das Mittelalter erfüllte: Auf dem Hintergrund des noch sicheren Jenseitsglaubens entfaltete sich die Todesdrohung zu drastischer Plastizität.

Zwei weitere Arbeiten befragen vom Todesthema ausgehend eher die Struktur der Musik selbst: Guck-Nigrelli geht zwar ebenfalls von einer bestimmten Oper – von Verdis Traviata – aus, macht diese aber zur Folie für die Frage nach dem Transformationsprozess, den die Oper als solche anbietet. Für die Autorin bewirkt die Konzentration auf die Singstimme, die in der Oper gefeiert wird, einen Rücksturz in primäre Beziehungserfahrungen mit der Mutter, die zu Beginn der Lebenszeit vor allem als Stimme präsent ist. Sie beschreibt einen Prozess des Durcharbeitens und der dann letztlich möglichen Ablösung von der sinnlichen Mutter: Der Tod wird hier als konstruktives Moment der Trennung und des Aufbruchs in die Individuation verstanden. Mein eigener Beitrag sucht zunächst zu zeigen, dass es, spätestens seit dem Orpheusmythos, eine intime Verbindung von Musik und Tod gibt, die, psychoanalytisch gesehen, darauf beruht, dass die belebende Stimme der Musik in den kinästhetischen Modus des psychischen Funktionierens hineinzieht und hier die Auflösung traumatischer Erstarrungen ermöglicht.

Aber auch dort, wo der Tod nicht unmittelbar als Thema der Musik erscheint, spielen Prozesse des Verlusts und des Wiedergewinns von Lebensgefühl, Vitalität und psychischer Integration eine Rolle. Mit Königs Text über das Unheimliche in der Musik bringen wir die umfangreiche Arbeit eines jungen und vielversprechenden Autors, der eine Vorstellung darüber entwickelt, wie sich in musikalischen Werken über eine spezifische harmonische Struktur so etwas wie ein musikalischer Körper entwickelt, der als Gefäß für das Lebensgefühl dient und der in kalkulierten Momenten und mit angebbaren Mitteln der musikalischen Harmonik dieses Vitalitätsgefühl entzieht und damit Momente des Unheimlichen hervorruft. Die kontextreiche Arbeit von Deutschmann untersucht Prozesse der traumatischen sozialen und psychischen Desintegration bei den zur Sklaverei verschleppten Schwarzafrikanern und zeichnet die integrierende Funktion nach, die die Musik für die partielle Reparation dieser Wunden spielte. In diesem Kontext stellt er die Frage nach möglichen Parallelen zur Entwicklung und Funktion der Psychoanalyse.

Musik und Tod zusammenzudenken, macht es notwendig, sich mit Verwerfungen, Paradoxien und Abwehrbewegungen innerhalb eines Mediums zu beschäftigen, das in der Regel zu beinahe maniformen Idealisierungen verleitet. So soll nicht verschwiegen werden, dass der Versuch, mit der Musikwissenschaft in Dialog zu treten, sich als nahezu unmöglich erwies. Zu verschieden scheinen die Denkweisen der zwei Fächer zu sein. Die beiden hier vertretenen Wissenschaftler bilden die Ausnahme und zeigen, dass beide Disziplinen durchaus voneinander profitieren können. Was aber beschreibt die Kluft zwischen den Fächern, die offenbar so schwierig zu überwinden ist? Mir scheint, dass Literatur und Bildende Kunst innerhalb ihrer eigenen Diskurstradition in der Beschreibung und dem Umgang mit menschlichen Konfliktsituationen geübt sind, während die Musikwissenschaft sich entsprechend der Inhaltsleere ihres Mediums mit der Beschreibung und Klassifizierung formaler Strukturen der Musik beschäftigt (musikalische Formlehre, Motivgeschichte) und den Übertritt zur Diskussion von menschlichen Konfliktlandschaften aufgrund geringerer Erfahrung als Bedrohung erlebt. Umgekehrt verfällt die Psychoanalyse aber allzu leicht in eine überstarke Inhaltsorientierung und vergisst, etwa über die Deutung des Librettos, nicht nur die Beschreibung der musikalischen Struktur, sondern auch die Beschäftigung mit der Frage nach der Funktion, die die jeweilige musikalische Form für den Prozess der Rezeption hat.

Diese wechselseitigen Schwierigkeiten sollen nicht verschwiegen werden: Nur wenn die Unterschiede benannt und in ihrer Systematik erfasst sind, ist ein wechselseitig respektvoller Umgang miteinander möglich und sind Arbeiten möglich, die sich wirklich auf die Logik des anderen Fachs zubewegen. Umso größer aber ist auch der Stolz, nun einen Sammelband von hochindividuellen Arbeiten präsentieren zu können, in dem mit einem großem Reichtum an Perspektiven und Kontexten der Brückenschlag in je spezifischer Weise gelang.

Sebastian Leikert, Karlsruhe

Grusswort der Deutschen Psychoanalytischen Vereinigung zum 1. Symposion der Deutschen Gesellschaft für Psychoanalyse und Musik am 07.11.2009

Dieter Ohlmeier

Die psychoanalytische Forschung hat das Gebiet der Musik lange Zeit vernachlässigt, obwohl doch die Kulturanalyse – die psychoanalytische Beschäftigung mit dem Unbewussten in der Literatur, der Bildenden Kunst, neuerdings geradezu überschießend im Film, und mit Geschichte und Politik – immer schon ein zentrales Interessengebiet der Psychoanalyse gewesen ist. »Nicht als klinische Methode möchte ich sie Ihnen empfehlen«, wie ihr Begründer Sigmund Freud schrieb, »denn wäre die Psychoanalyse nur eine Behandlungsmethode, hätte sie längst als eine Dienstmagd der Medizin ihre Ablagerung in Lehrbüchern der Psychiatrie gefunden«. Ich stehe nicht an zu sagen, dass Psychoanalyse Kulturanalyse ist und dass die klinische Anwendung nur *eine* und vielleicht nicht die wichtigste Anwendung der Psychoanalyse ist.

Während es von Freud heißt, er sei »unmusikalisch« gewesen und habe sich allenfalls über Mozarts *Don Giovanni* positiv geäußert, und es lange Zeit nur vereinzelte Psychoanalytiker – z.B. Theodor Reik – gab, die sich psychoanalytisch zu musikalischen Fragen äußerten, ist die Situation hierzulande jetzt günstiger geworden: In der DPV z.B. haben u.a. Ludwig Haesler, Klaus Nerenz und Johannes Picht Beiträge zur Musikpsychoanalyse geleistet, andere haben zu den Coesfelder Symposien, also sozusagen dem Urgrund der DGPM, mit Vorträgen und Workshops beigetragen.

Aber wo lag oder liegt, abgesehen vielleicht von der mächtig wirkenden Identifizierung mit dem Urvater Freud, die Schwierigkeit, die musikalische Werke den Psychoanalytikern offenbar bereiten? Eine Antwort darauf mag lauten, dass das Wort so stark, die Sprache so zentral für die Psychoanalyse wurde, dass das Einbeziehen des Nichtverbalen – als ein Bezirk des dunkelsten Afrikas geradezu – ohne den Weg und Steg der sprachlichen Übermittlung, der zentralen Beachtung von sprachlich vermittelten Bildern, Träumen, Biografien gefürchtet wurde.

Und doch hat der Affekt, die affektive Tönung des Mitgeteilten und die Entwicklung der Affektlage immer eine zentrale Rolle gespielt – der Affekt, der in der Musik so intensiv und unmittelbar körperlich empfunden und übermittelt wird, wie es die Verbalsprache kaum vermag. Brauchte die Psychoanalyse lange Zeit die verbale und grammatikalische Begrenzung als Abwehr gegen die Angst vor etwas Unbegrenztem, Grenzenlosem, für das sie die Musik hielt?

Nicht ganz, denke ich. Schon Freud hatte in der »Traumdeutung« der Melodie und dem Lied als Traumphänomenen besondere Bedeutung beigemessen: und zwar als Verbindung schaffende Kraft zwischen den meist so widersprüchlichen, »unlogischen« Traumphänomenen, also als ein *zusammenbindendes* Medium des Psychischen, das auch als die sogenannte »Darstellbarkeit« die Einheitlichkeit des Traumes herbeiführen kann. In der Tat erscheint mir der Affekt, der in der psychoanalytischen Forschung seit der »Traumdeutung« eigentümlich unterbewertet ist – zumindest hat Freud die Rolle des Affekts im Traum bemerkenswert unscharf gehalten –, ein *Brückenphänomen* zwischen Trieb und Objekt zu sein, also zwischen dem Triebverlangen des Subjekts und dem begehrten oder verabscheuten Befriedigungsobjekt. Und der Affekt ist nicht nur ein Brückenphänomen des Psychischen, sondern ein Strukturierungsmoment, wie es Josef Dantlgraber in seiner Arbeit »Musikalisches Zuhören« insbesondere für strukturell geschädigte Menschen beschreibt: Er fordert vom Analytiker eine Bereitschaft, ja, eine Fähigkeit zum »Affekthören«, zur Nutzung von – und das heißt auch zur eigenen Beteiligung an – tiefenmusikalischen, der Musik inhärenten Affektstrukturen zur Herstellung einer Persönlichkeits- und Beziehungsstrukturierung. Die Musiktherapeuten wissen das seit Langem und setzen das beziehungsstiftende Moment des musikalischen Affekts z.B. bei der sogenannten Alexithymie, bei psychosomatisch Erkrankten, bei depressiv Verdüsterten und Verschlossenen ein.

Ja, wir würden es für einen Fall von Affektisolierung halten, also den Abwehrmechanismus, der Objekt und Emotionalität trennt, wollten wir die Rolle der Musik für die Psychoanalyse gering einschätzen.

Von der Deutschen Gesellschaft für Psychoanalyse und Musik erwarte ich mir, dass sie in Grundlagenforschung und Anwendungen eine Musikpsychoanalyse fördert, die nicht nur den ausführenden Musikern unter den Psychoanalytikern – einer eher kleinen Zahl –, sondern allen eine geschulte und methodisch gesicherte, also wissenschaftlich begründete Fähigkeit zum Hören mit dem *musikalischen* Ohr, das das berühmte »dritte Ohr« des Psychoanalytikers ja eigentlich sein sollte, vermittelt: Den Affekt, seinen Ablauf, seine Wirkung zu hören, die Melodie des sprachlich und szenisch Mitgeteilten zu erfassen, das stelle ich mir unter einer vollständigen Psychoanalyse vor.

»... denn das Geheimnis der Liebe ist grösser als das Geheimnis des Todes«

Zur Oper *Salome* von Richard Strauss

Antje Niebuhr

Der Mythos Salome

Die Oper *Salome* von Richard Strauss entrollt sich vom ersten Moment an wie ein mitreißender, verdichteter Strom, in dem Sprache, Bild und Musik zu einem faszinierenden Ganzen verwoben sind. Der Stoff der Oper geht zurück auf den Bericht der Evangelisten im Neuen Testament. Außer im Johannes-Evangelium wird in allen drei Evangelien über das Ereignis, nämlich die Tötung Johannes' des Täufers durch den König Herodes, berichtet.

> »Als nun Herodes Geburtstag hatte, tanzte die Tochter der Herodias vor den Gästen und gefiel dem Herodes so gut, daß er unter Eid versprach, ihr alles zu geben, was immer sie begehre. Die aber sagte, angestiftet von ihrer Mutter: ›gib mir hier auf einer Schüssel das Haupt des Johannes des Täufers‹. Da wurde der König betrübt, aber wegen seiner Schwüre und wegen der Gäste befahl er, ihn ihr zu geben. Er sandte hin und ließ Johannes im Gefängnis enthaupten und sein Haupt wurde auf einer Schüssel gebracht und dem Mädchen gegeben, und die brachte es ihrer Mutter« (Matthäus 14, 6–11).

Der biblische Stoff hat sich im Laufe der zweitausend Jahre in einen Mythos verwandelt, der in hunderten Darstellungen in Wort und Bild bearbeitet wurde (Rhode 2000). Eine archaische Kraft muss dieser Erzählung innewohnen, dass sie von Beginn an die Kreativität unzähliger

Künstler herausforderte, sie auszuformen und ihr Bedeutung zu verleihen.

Oscar Wilde, dessen dramatische Bearbeitung der *Salome* 1896 in Paris uraufgeführt wurde, war der erste, der den Fokus von Johannes dem Täufer auf die Prinzessin Salome verlagerte. Salomes eigene Lust, die im Kuss des Mundes des abgeschlagenen Kopfes von Johannes gipfelt, verlieh dem Werk eine monströse und perverse Zuspitzung. War sie noch in den vorherigen Bearbeitungen Werkzeug ihrer Mutter Herodias, die den Tod des heiligen Mannes forderte, funktionalisierte unwiderstehliche Verführerin des Königs, der ihr den Wunsch nach der Enthauptung nicht abschlagen konnte, wird sie bei Wilde zu einer psychologisch ausdifferenzierten weiblichen Persönlichkeit.

Wilde's Leben und Werk dokumentiert den Aufbruch in das nächste Jahrhundert, in dem Sexualität und Individuation nicht mehr länger hinter den Mauern von Moral und Triebverzicht versperrt blieben. Dieser Zeitgeist ermöglichte und wurde gleichzeitig geprägt durch den Beginn der Psychoanalyse. Die »Entdeckung« bzw. Anerkennung von Verdrängung und Unbewusstem kam einer kulturellen Revolution gleich. Freud hatte durch seine Beobachtungen und Schlussfolgerungen begonnen, die Bedeutung der kindlichen Sexualität in ihrem breiten Spektrum zu thematisieren, und damit ein neues Verständnis der erwachsenen Sexualität begründet.

Der psychoanalytische Diskurs korrespondierte damit mit dem gesellschaftlichen Diskurs über den sich öffnenden Abgrund der Perversion, als verdrängte Spur der Frühzeit der menschlichen Entwicklung. Freud machte deutlich, dass der schwierige Weg der Entwicklung in eine reife genitale Identität über den Weg führt, die kindliche Perversion mittels Verdrängung, Abwehrmechanismen und neurotischen Symptomen von der reifen Persönlichkeit abzutrennen, bzw. die Persönlichkeit vor ihr – der Perversion – zu schützen. Der Abgrund der Perversion, als verdrängte Spur der menschlichen Entwicklung, begann sich im gesellschaftlichen Diskurs zu öffnen.

Die weibliche Sexualität, mit der wir in der *Salome* konfrontiert werden, konnte Freud aus seiner persönlichen und historischen Perspektive heraus noch nicht anders denn als Schattenwesen hinter der männlichen Sexualität verstehen. In den Anfängen der Psychoanalyse wurde die weibliche Entwicklung und Geschlechtsidentität auf dem Boden der kastrierten Frau, eines Mangelwesens konzipiert. Umso drastischer wirkte damals die *kastrierende* Salome, in der die Aspekte verführerischer Schönheit und Jugend mit brutalster Aggression und sexueller Leidenschaft verschmolzen sind, und die damit wie ein zwar dämonisierendes, jedoch wirkungsvolles künstlerisches Korrektiv zu den Weiblichkeitskonstruktionen der Zeit wirkt.

Wilde selbst, der nach einem bürgerlichen Leben in England in die Decadence in Paris eintauchte und dort homosexuelle Beziehungen führte, durchlebte eine intensive, obsessive Identifikation mit der Figur der Salome. Es existiert ein Foto, auf dem er als Salome verkleidet vor dem abgeschlagenen Haupt des Johannes kniet und begehrend die Arme danach ausstreckt. Oscar Wildes Selbstinszenierung als Prinzessin Salome zeigte in schockierender Weise das Auseinanderbrechen von Beziehungen bis hin zur radikalsten Zerstörung angesichts der Unmöglichkeit, das Begehren, den Eros, als bezogenen Eros zu leben.

Als Strauss 1901 den Einakter Wildes in Berlin sah, war er auf der Stelle fasziniert. Zu einem Bekannten soll er direkt nach der Aufführung gesagt haben: »Bin bereits am komponieren«, und in seinen Aufzeichnungen bemerkte er, dass das Wilde'sche Drama nach Musik schrie! Vier Jahre später im Dezember 1905 wurde die *Salome* in der Semperoper mit einem überwältigenden Erfolg uraufgeführt und verschaffte Strauss den Durchbruch als Opernkomponist. Die Salome ist die erste »Literatur-Oper«, ein Wagnis, das Strauss einging, weil es ihm unumgänglich erschien, den Text und die damit geschaffene Atmosphäre von Wildes Drama zu modifizieren. Wilde, der durch identifikatorische Prozesse tief in die psychische Innenwelt der Figur eingedrungen war, hatte mittels einer reduzierten Sprache eine subtile Struktur geschaffen, in der die seelischen Prozesse quasi schon blank zutage traten: kein Wort zu viel, keine breiten Nebenhandlungen, keine epischen Ausschmückungen. Eine textuelle Verdichtung, die auch als ein Resultat des Sujets verstanden werden kann: Hier geht es nicht um romantisches Spiel oder historisch-biografisches Entwickeln, dieser Stoff ist im Grunde zeit- und ortlos, er ist der unumwundene Blick in die Schrecken der Liebe und des Todes, in die Abgründe der menschlichen Seele. Das Schreckliche, das von Beginn an gefürchtet, beschworen, erwartet wird, ist der Durchbruch der psychischen Rohmasse, der Triebe, die unter den mühsam aufrechterhaltenen, narzisstischen und neurotischen Konstellationen verborgen ist, die Perversion, die Psychose.

Strauss übernahm mit geringfügigen Änderungen den ins Deutsche übersetzten Text von Wilde, da er vermutlich wahrnehmen konnte, wie nah zum unbewussten Prozess der Geschichte Wilde seine Worte gefunden hatte. So komponierte er eine Musik, die dies noch intensiviert. Sie dekoriert oder kommentiert nicht, sondern sie *ist*, was geschieht, und zwar im Inneren. Die Leitmotivtechnik Richard Wagners erfuhr durch Strauss eine Veränderung, mit der er sich deutlich von Wagner absetzte und noch näher an die Psychologie der Protagonisten herankam. Die Musik ist quasi der direkte Ausdruck psychischer und physischer Aktion (Walz 2008). Die psychologische Verfasstheit der Personen wird in Motive, kleine musikalische Einheiten, wiedererkennbare Bausteine gegossen, mit denen der Komponist bauen, konstruieren, dekonstruieren kann.

Die Archaik – das Traumatische, das sich ereignet – lässt sich damit wirklich in ihrer Komplexität erzählen. Die Schleier werden weggezogen, wir können sehen, was ist, nackt, erbarmungslos, schrecklich und schön. Zeitgleich riss die beginnende Psychoanalyse die Schleier der bürgerlichen Gesellschaft auf befreiende und skandalöse Weise entzwei und beförderte ans Licht, was Angst und Schrecken, aber auch Freiheit und Selbstbestimmung mit sich brachte. Die schrittweise Anerkennung der Bedeutung der Sexualität, die Entdeckung des Unbewussten als Motor menschlichen Handelns und Fühlens und damit menschlicher Beziehungen öffnete am Anfang des letzten Jahrhunderts den Raum für Individualität und Selbstentfaltung und zerstörte gleichermaßen den nun untergehenden Schutzraum von kollektiver Moralvorstellung, der um den Preis von Verdrängungen und Verleugnungen nicht länger aufrechterhalten werden konnte. Die Oper *Salome* legt hiervon Zeugnis ab. Alle Figuren bis auf Jochanaan sind ungeschützt, unverbunden, verzweifelt nach einem Halt suchend, den sie im Anderen nicht finden können.

Auch kompositorisch spiegelt sich der Zeitgeist wieder. Strauss verließ die Tonalität als haltendes, verbindendes System und komponierte in Bitonalität, um, wie er selbst sagte, die Trennung der beiden Welten, der des Herodes und der des Jochanaan, also einer alten und einer neuen Welt, in all ihren Ambivalenzen besser akzentuieren zu können. In der Oper ist die Geschichte des Untergangs der alten Werte verschränkt mit der Geschichte einer jungen Frau und deren subjektiv erlebtem Schicksal.

Der Figur der Salome inhäriert eine verwirrende Antinomie. Während ihr erzähltes Schicksal im destruktiven Chaos endet, endet es musikalisch in einer tief berührenden Liebesarie in strahlendem C-Dur. Dieser Widerspruch gibt Anlass, danach zu suchen, wo und ob hinter dem zerstörerischen Wahnsinn ein Prozess verborgen ist, den man als Heilung bezeichnen kann.

Musik vermag emotionale Zustände zum Klingen zu bringen, wie es das Wort nicht kann. Dies wurzelt, so hat es die psychoanalytische Forschung zur Musik herausarbeiten können, in der frühen akustischen Beziehung zwischen Kind und Mutter, Kind und Welt, die vor der Beziehung zum Wort oder zum Wortsinn liegt. Die Oper macht sich diesen Umstand sozusagen zunutze und transportiert über die Musik und das Wort verschiedene Sinnebenen. In der Salome wird eine grausame, perverse Mörderin dargestellt, und dennoch rührt uns ihr Schicksal, nehmen wir sie, vermittelt durch die Musik, auch als Opfer wahr und wenden uns nicht angeekelt ab. In diesem Sinne soll in einer psychoanalytischen Betrachtung versucht werden, das emotionale Zentrum der Salome aufzuspüren, die Geschichte, die uns die Motive der Handlungen näherbringen kann.

Die Oper

In die Oper werden wir hineingeworfen. Keine Ouvertüre, kein Vorspiel, kein Übergang. Es ist, was es ist, nämlich eine flirrende, gesättigte Atmosphäre voller Erregung, Erwartung und Angst. Es ist vielleicht ein Abbild der inneren Welt der jugendlichen Prinzessin, deren Mutter mit dem Bruder des Vaters verheiratet ist, dem mächtigen König Herodes. Dieser ist einflussreicher und mächtiger, als der Vater es war, der – weiß Salome das? – von Herodes ermordet wurde, damit der Weg für das Paar frei werden konnte. Das Mädchen hat ein Elternpaar, das kein Elternpaar ist, sondern als eine Zweckgemeinschaft erscheint, die beiden möglichst viel Lust und Macht verschaffen soll. Salome ist 15, sie ist schön und verführerisch, wie 15-jährige Mädchen es sind, und Salome weiß, dass sie schön ist und dass sie Macht hat durch ihre Schönheit und ihre Stellung am Hof. Sie weiß auch, dass sie gleichzeitig ohnmächtig ist gegenüber der Selbstverliebtheit der Eltern und dem unverstellten Begehren des Stiefvaters, ihres Onkels, der sie anstarrt und sich an ihr erregt, der sie, wenn nicht in Taten, so doch in Gedanken sexuell missbraucht. Einer Welt des schönen Scheins – wohlhabende, mächtige Eltern, Bedienstete, begehrende Blicke – steht eine innere Welt voller pubertärer Sehnsucht nach Liebe und Erotik, nach Sinn und Perspektive, aber auch voller Hass und Wut, Einsamkeit und Angst gegenüber.

Salome wird als schöne Frau angeschaut, als Femme fatale (Unseld 2001). Der Blick auf Salome ist auch der Beginn: »Wie schön ist die Prinzessin Salome heut Nacht!« sind die ersten Worte der Oper, gesungen von dem jungen Hauptmanns Narraboth, der Salome vergöttert und den Blick nicht von ihr wenden kann. Daneben hören wir den Pagen, der beunruhigt und warnend versucht, ein Unheil, das mit den Blicken auf Salome verknüpft ist, abzuwenden. Er nimmt etwas anderes wahr: »Wie eine Frau, die tot ist. Sie gleitet langsam dahin.« Beide Wahrnehmungen meinen Salome, die am Festbankett ihres Stiefvaters teilnimmt und an der Tafel im Hintergrund seinen ständigen lüsternen Blicken ausgesetzt ist, die auch von ihrer Mutter nicht verhindert werden. Sie löst bei den Männern etwas aus, was sie mächtig und gleichzeitig einsam macht (wie eine Frau, die tot ist, eine verirrte Taube). Sie wird angeschaut, aber wird sie auch *gesehen?*

Die erregte Stimmung am Hof, in die wir zu Beginn musikalisch hineingeworfen werden, ist komplex: Es ist die sexuelle Erregung der Männer angesichts der jungen Frau, es ist die wütende Erregung der entwerteten Mutter über Tochter und Mann, von deren Beziehung sie ausgeschlossen ist, es ist die ängstliche Erregung des Hofstaats, die während des ausschweifenden Festes des Tetrarchen Herodes seinen Gefangenen, den Propheten Jochanaan, bewachen, der in einer Zisterne eingesperrt ist.

Oft wird von der spannungsgeladenen Musik des Anfangs als von der erregten inneren Verfassung der Salome gesprochen (Pahlen 1995). Ist es aber nicht vielmehr die sexualisierte Atmosphäre, die Erregung der anderen, vor der sie nach draußen zu den Soldaten und Wächtern flüchtet? »Ich will nicht bleiben, ich kann nicht bleiben, warum sieht mich der Tetrarch so an?«

Salomes seelische Situation erschließt sich aus ihren wenigen Worten und der Musik: Sie ist aufs Äußerste beunruhigt. Sie findet keinen Punkt, von dem aus sie die Welt um sie herum begreifen und beurteilen kann. Die Kühle, die in Form der Farben Weiß oder Silber immer wieder als symbolischer Fluchtpunkt auftauchen wird, zeigt ihr Bedürfnis nach einem Zustand vor der Beunruhigung, vor dem Begehren, das auf sie gerichtet ist, oder auch dem Begehren, das sie in sich selbst spürt und das ihr große Angst macht (Benjamin 1993). Dieser Zwiespalt zwischen Angst und Wunsch ist konstituierend für die Zeit der Pubertät.

Transformationen der Adoleszenz

Die Pubertät ist eine der verletzlichsten Lebensphasen: Der endgültige, unwiederbringliche Abschied von Kindheit und abhängiger Bindung an die Eltern ist durch die sexuelle Reifung zwingend (Erikson 1973). Die Wünsche, die sich bisher an die Eltern gerichtet haben, werden nun nach außen in die Welt gewendet. Intimität mit Fremden wird gefürchtet, ersehnt und fantasiert. Die verinnerlichten Erfahrungen mit den sogenannten Primärobjekten, d.h. den Liebesobjekten der Kindheit wie Eltern, Großeltern und Geschwister bilden dabei den unbewussten Boden für neue Erfahrungen. Dieser Boden in Gestalt einer psychischen Struktur, die sich bis zur Adoleszenz herausgebildet hat, ist wie eine Matrix aus Liebes- und Leiderfahrungen, die nun hinter sich gelassen werden muss, um Platz für erwachsene Bindungen und eigene sexuelle Erfahrungen zu schaffen, von denen die Eltern ausgeschlossen sind.

Die Krise der Adoleszenz stellt den jungen Menschen vor die schwere Aufgabe, sich einerseits aus den Beziehungen zu den Eltern zu lösen und sich gleichzeitig mit den Eltern zu identifizieren, heißt, die inneren Spuren der Eltern anzuerkennen und in die eigene Person zu integrieren. »Der Ablösungsprozeß bedeutet eine regelrechte Trauerarbeit […] für die ersten Liebesobjekte sowie für die verlorene Kindheit« (Jansen/Jockenhövel-Poth 1993, S 276 nach Rotter: Die Dynamik der Pubertät, Freiburg 1989, S. 187). Salome hat ihren leiblichen Vater verloren, im Mythos ranken sich gewalttätige Geschichten um das neue Elternpaar, das sich skrupellos des ersten Mannes der Herodias entledigte. Ein wie auch immer verlorener Elternteil bleibt psychisch erhalten und wird meist idealisiert, zumal wenn die Realität des Stiefvaters sich als eine entpuppt, in der die kindlichen oder pubertären Bedürfnisse nicht gesehen werden. Salome lebt mit einem gespaltenen Vaterbild: In ihr existiert ein idealisiertes Vaterbild, das ihr hilft, ihr seelisches Gleichgewicht aufrechtzuerhalten, während der Stiefvater die Generationsschranke nicht respektiert.

In heutiger Nomenklatur würden wir Salome als traumatisierte junge Frau diagnostizieren. Ungeschützt den inzestuösen Annäherungen des Stiefvaters ausgesetzt, Spielball zwischen den Psychopathologien der Eltern, wundert es nicht, wenn Salome eine hysterische Persönlichkeit ausgebildet hat, wie es in der Rezeption der Oper oft beschrieben ist. Freuds Zurückhaltung über die Hintergründe der sexualisierten Verhaltensweisen der Hysterikerinnen, die er deren kindlichen Sexualfantasien zuschrieb, konnte erst Mitte des 20. Jahrhundertskorrigiert werden, als das Tabu über innerfamiliäre sexuelle Gewalt zu brechen begann und die Folgen für die psychische Entwicklung anerkannt wurden.

Herodes' missbräuchliche Beziehung zu seiner Stieftochter bedeutete auf der einen Seite einen narzisstischen Gewinn für Salome, den Triumph über die Mutter und eine berauschende Machterfahrung, dies ist aber nur das äußere Bild, das *gesehen* wird, sie zur Femme fatale macht und ihr die Möglichkeit eröffnet, mit Männern wie Narraboth zu spielen. Die seelische Situation des jungen Mädchens jedoch sieht anders aus. Sexuelle Grenzverletzungen durch Väter, Stiefväter oder andere nahe Personen führen zu einer komplexen psychischen Situation, in der Wut und Hass meist hermetisch abgeschlossen, nach innen gewendet und in Autodestruktion und Depression verwandelt werden. Missbrauchserfahrungen in der Adoleszenz haben zur Folge, dass die Jugendlichen nicht unterscheiden können, wessen Gefühle und Wünsche sie fühlen – die eigenen oder die des Missbrauchers –, was zu einer dramatischen Verunsicherung und einem tiefen Selbsthass führen kann, da im Selbst der Andere gehasst, aber nicht entfernt werden kann.

Abgrenzungswünsche, Angst, Verunsicherung und eigene erotische Impulse mischen sich zu einem unentwirrbaren Knäuel. Salomes eigene Wut ähnelt sofort der bedrohlichen Wut der Mutter, eigenes Begehren ähnelt dem verhassten Begehren des Stiefvaters; so irrt sie, die »verirrte

Taube«, durch die Welt, mit einer Sehnsucht nach etwas »so weiß und kühl wie der Mond«, die Silberschale – Symbole, die als Metaphern für Reinheit, Unschuld und Vollkommenheit auftauchen.

Das gespaltene innere Vaterbild, zwischen abwesendem, idealisiertem und anwesendem, übergriffigem und verhasstem Vater, korrespondiert mit einem Mutterbild, das ähnlichen Spaltungsmechanismen unterworfen ist. Während Salome einerseits mit der Mutter Herodias identifiziert ist, wenn sie ihre Machtspiele betreibt, um zu ihrem Ziel zu gelangen, hat sich in ihr ebenso ein Gegenbild etabliert, ein ideales Selbstbild, in dem sie unschuldig und rein ist. Diese Idealisierungen des Selbst oder des Anderen sind als Abwehr einer unerträglichen, schmerzvollen Realität zu verstehen. So entsteht ein angespannter innerer Zustand, bilden sich zwei diametral auseinanderliegende innere Welten, die sich auch musikalisch wiederfinden lassen in den zwei Hauptmotiven der Salome: das flirrende Geigenmotiv, ein schnell flatternder Dur-Terz-Wechsel, der mit der verirrten Taube in Verbindung steht, und ein aufsteigendes Dur-Dreiklang-Motiv, das nah am Jochanaan-Motiv die idealisierende Seite ausdrückt. Doch zurück in den Palast, zurück zur Geschichte und damit zu der wichtigen Frage, was eigentlich in Salome passiert, als sie auf Jochanaan trifft.

Jochanaan als idealisierte Orientierung

In das flirrende und aufgeregte Musik- und Stimmengewirr hinein ertönt plötzlich Jochanaans Stimme mit der christlichen Botschaft. Reine, unkomplizierte, tonal verkettete Klänge, von Es-Dur nach C-Dur verlaufend, klingen aus der Zisterne und fesseln augenblicklich Salomes Aufmerksamkeit. Sie hört eine Stimme, die nach mehr als einer Stimme klingt, denn die Komposition hat der Stimme etwas verliehen, was es in Salomes Umwelt nicht gibt. Diese Stimme berührt ihr Innerstes, denn sie klingt nach Ruhe, Vertrauen und Ordnung, sie beruhigt das Chaos, die verrutschten Grenzen, die ängstigenden Affekte um sie herum und in ihr. Dass diese erste Begegnung Salomes mit Jochanaan, in den sie sich verliebt, eben keine Begegnung des Sehens, sondern des Hörens ist, beeindruckt in seiner Aussagekraft.

Das Sehen und Schauen ist besetzt durch das Schreckliche, die beschämenden Erfahrungen, die Übergriffe, die ein tatsächliches Gesehenwerden bisher unmöglich machten. Jochanaan zu hören berührt in ihr eine alte Sehnsucht, eine tiefe seelische Schicht, in der es einmal eine gute Mutter und einen guten Vater gab, den inneren Fluchtraum des Ideals (Leikert 2005). Sich verlieben geht zwangsläufig mit Idealisierung einher, sonst würde es nicht funktionieren. Auch hier sind letztlich Spaltungsmechanismen und Verdrängungsmechanismen am Werk, die dafür sorgen, dass die Wünsche nach dem idealen Anderen sowie dem idealen Selbst eine Illusion erschaffen, die es ermöglicht, die Realität so weit zurückzudrängen, dass das Wagnis einer intimen Begegnung eingegangen werden kann. Sich verlieben bedeutet Kontrollverlust, Vertrauen, Hingabe – also höchstes Risiko. Deshalb ist die Regression im Verlieben ein sinnvoller Mechanismus, da in dem inneren Rückgriff auf früheste Erfahrungen oder Fantasien von Gehalten- und Geliebtwerden die Sicherheit berührt wird, liebenswert zu sein und ein liebendes Gegenüber getroffen zu haben.

Die Verzauberung durch Jochanaans Stimme löst somit die Fantasie oder unbewusste Erinnerung an einen liebenden Anderen aus, eine emotionale Primärerfahrung. Das Jochanaan-Motiv ist in harmonisch transparenten und emotional leicht zugänglichen Melodien eine Manifestation von Sehnsucht nach dem Guten bzw. der Existenz des Guten. Chromatisch aufstrebende Transformationen lenken quasi den Blick himmelwärts, öffnen den inneren Resonanzraum für das Ideal. Dies kontrastiert eindrucksvoll mit dem musikalischen Chaos der Lebensrealität Salomes und knüpft gleichzeitig an ihre tiefen regressiven wie auch progressiven Wünsche an.

Aus den Quellen dieser Berührung fühlt und fordert Salome deutlich und unmissverständlich: »Ich möchte mit ihm sprechen!« Ganz Tochter ihrer Eltern, kann sie für die Erfüllung ihres Wunsches sorgen, und in dem Zwischenspiel, das erklingt, als Jochanaan aus der Zisterne geholt wird, hören wir ihre seelische Verfassung: ein Jagen durch Höhen und Tiefen, in das sich bereits das feste Thema Jochanaans einmischt und mit seinem Erscheinen schließlich strahlend ausbreitet. Salome findet in ihm den Fluchtpunkt für ihre adoleszenten Wünsche, ihre Wünsche nach einem Anderen, der sich von den enttäuschenden Eltern unterscheidet und in seiner Andersartigkeit erschreckend und faszinierend zugleich ist.

Er entwertet Vater und Mutter und öffnet einen Raum, in den sie sich hineinfantasieren kann; sie kann sich mit ihm neu entwerfen, den Sprung in ein erwachsenes Leben riskieren, lieben. Unbeirrbar geht sie ihren Weg, sie will ihn sehen und will ihn hören, unwissend, naiv und dreist offenbart sie sich ihm: »Sag mir, was ich tun soll!« Sie wirft sich in ihr Begehren, das ihr wie eine Tür in die Freiheit erscheinen muss, endlich begehrt sie selbst und wird dadurch vom Objekt zum Subjekt.

Aber Jochanaan gehört einer anderen Welt an, der Welt des Triebverzichts und der Kontemplation, er muss Eros und Sinnlichkeit abwehren, da sie seine psychische Existenz bedrohen. Auch Salome weist er ab, zu weit entfernt ist er von ihr, und bleibt für sie ein unerreichbares Ideal. Der nun folgende Kampf zwischen beiden, der mit der Verfluchung Salomes durch Jochanaan endet, ist ein von beiden voller Leidenschaft ausgetragener Liebeskampf. Seinen musikalischen Höhepunkt findet er im Selbstmord Narraboths, der sich, von eigenen Wünschen und Ängsten getrieben, vergeblich und unbeachtet zwischen den beiden ersticht. Die unverschämte Leidenschaft der für ihn unerreichbaren Prinzessin war ihm unerträglich. Szenisch ist hier bereits klar: Der Tod ist die Kehrseite der Liebe.

Salomes Klanghymnen, mit denen sie Jochanaans Körper besingt, steigern sich in orgiastische Höhen, ihr schließlich wie wahnsinnig immer wieder geäußerter Wunsch, Jochanaans Mund zu küssen, treibt auch ihn zum Äußersten: Er verflucht sie und behält damit zwischen ihnen das letzte Wort. Das verzweifelte und leidenschaftliche Werben Salomes, das in poetischen Metaphern (allesamt aus dem Hohelied der Liebe von Salomon) aus ihr heraussprudelt, wird von dem heiligen Mann brutal zurückgewiesen. So klar und beruhigend er anfangs auch in der musikalischen Ausformulierung wirkte, so ehern bietet er ihr jetzt die Stirn und lässt auch musikalisch wenig Zweifel daran aufkommen, dass sein persönliches Unbewusstes verschlossen bleibt, seine Abwehr steht. In seinen kränkenden Zurückweisungen spricht Jochanaan nicht Salome selbst an, sondern bezeichnet sie als Tochter Sodoms, Babylons, der Unzucht. Erst zum Schluss seines Fluchs spricht er ihren Namen aus. Aus seiner Sicht ist dieses Verhalten sinnvoll, denn so kann er sich die Person vom Leibe halten. Doch genau damit verletzt und beschämt er die Person, die Frau Salome, zutiefst. In dem wie ein Flächenbrand ausbrechenden

Begehren, das ihre gesamte Person erfasst, wird sie von Jochanaan auf ihre Sexualität und ihren Tochterstatus reduziert, wo sie sich doch erstmalig als ein Selbst fühlt. Ihr steht innerlich als Antwort nichts anderes zur Verfügung als Hass und Entwertung, als die Kehrtwende, in der sie jedoch genauso leidenschaftlich an ihn gebunden bleibt.

Diese Kippbewegung, die kindlich-ohnmächtig anmutet, birgt bereits den Schlüssel zum Verständnis der weiteren destruktiven Entwicklung. Die im Kern infantile, unreife Reaktion auf Kränkung verweist auf eine brüchige psychische Konstitution, in der narzisstische Kränkungen projektiv verarbeitet werden und nicht betrauert werden können. In der inneren Welt kann Ambivalenz, d.h. das Miteinander von Gewinn und Verlust, von Gut und Böse kaum ertragen werden. Zum Schutz des verletzlichen narzisstischen Gleichgewichtes wird unangenehmen, unliebsamen Empfindungen so begegnet, dass sie als »Böses« nach außen verfrachtet werden. Vereinfacht gesagt: Du bist schlecht zu mir, also bist du schlecht und ich bin das Schlechte wieder los. Gleichzeitig gilt: Du bist gut zu mir, also will ich dich ganz nah in mir und bei mir haben, dann bin ich auch gut. Auch Salomes Liebe und ihr starkes Begehren tragen die Spuren dieser Projektions- und Introjektionsmechanismen.

Liebe oder Hass, besitzen oder zerstören, schwarz oder weiß, das ist das Muster, das Salome in ihren Beziehungen gelernt hat. Ihr Versuch, sich mittels des Begehrens zu befreien, ist fehlgeschlagen, die unerträgliche Kränkung lässt das liebende Begehren in destruktives Begehren umschlagen. Im langen instrumentalen Zwischenspiel zwischen dritter und vierter Szene, das den Spannungsbogen nicht eine Sekunde abreißen lässt, klingen die Motivfetzen von Salomes Sehnsucht und Leidenschaft sowie Jochannans nach Höherem strebender Abwehr nach, wie versprengte Affekte, die nirgendwo Halt finden.

Der Kopf des Jochanaan

In der vierten und letzten Szene erleben wir nun die Interaktionen zwischen Salome und ihren Eltern und können noch besser verstehen, wie einsam und tot es in ihr aussehen muss. Der kindische, gierige und feige Herodes, der sich aus Langeweile an seiner Stieftochter stimuliert, und die fantasielose, unempathische Mutter, die in ihrer Egozentrik gefangen bleibt, stehen neben Salome, die verletzt und aufgewühlt nach einem Weg sucht, ihre Gefühle zu begreifen und auszudrücken. Als der Tetrarch Salome schließlich aus einer diffusen Missempfindung heraus bittet, für ihn zu tanzen, da er hofft, seine Erregung so in eine für ihn fassbare sexuelle Bahn lenken zu können, vollzieht sich in ihr zum zweiten Mal ein Wandel vom Lustobjekt zum Subjekt. Sie willigt ein, nachdem Herodes unter Eid zugesagt hat, ihr jeden Wunsch zu erfüllen.

Der nun folgende Tanz der sieben Schleier ist ein langes Instrumentalstück, das in der anfänglichen Aufführungspraxis einen orientalischen Tanz der Salome zum Inhalt hatte, in dem sie sich nacheinander sieben Schleiern entledigt, um schließlich nackt vor dem König zu stehen. Dem Protest der Sängerinnen sowie dem Bedürfnis nach komplexerer Interpretation ist es geschuldet, dass der Tanz inzwischen von Tänzerinnen interpretiert und somit auch dem Rechnung getragen wird, was Strauss letztlich mit diesem langen Instrumentalstück zu erzeugen beabsichtigte und ermöglichte: einen freien symbolischen Raum.

Die Musik des Sieben-Schleier-Tanzes beginnt in einer suchenden, vorsichtigen Schwingungsbewegung, einer Annäherungsbewegung, die ängstlich sich zurückzieht, zaghaft sich herauswagt. Es ist die Geschichte einer Identitätssuche, die groben Ein- und Übergriffen ausgesetzt ist. Es ist die Geschichte eines Abschieds, einer Trennung – von der Kindheit? Oder von den Eltern? Schmerz mischt sich mit Aufbruchstimmung, Altes muss zurückgelassen werden, damit Neues entstehen kann. Das sich aufschwingende Streichermotiv, das in der Begegnung mit Jochanaan entstand, taucht auf und taucht wieder ab. Nimmt Salome nicht nur Abschied von der Kindheit, vom verhassten Stiefvater, für den sie das letzte Mal tanzt, nimmt sie auch bewusst Abschied von Jochanaan?

Im Tanz wechselt sie den psychischen Raum. Sie verlässt die Realität und betritt einen anderen Raum, den Raum ihrer einerseits wahnsinnigen, aber andererseits folgerichtigen Wunscherfüllung. Das irisierende Salome-Motiv vom Anfang der Oper, dargestellt von hohen, vibrierenden Streichern, taucht am Ende des Tanzes wieder auf. Und schließlich verbindet Salome selbst Vergangenheit, Gegenwart und Zukunft in all ihrer Unerträglichkeit zu einem wahnsinnigen Wunsch, der sie ganz machen soll: den Kopf des Jochanaan!

Sie steigt seelisch hinab, die schützende Ebene der reiferen psychischen Möglichkeiten, der Trauer, der Wut und der Depression, bricht zusammen und damit tritt sie ein in den Raum des Wahns, in dem es um die konkrete allmächtige Wunscherfüllung geht, die keine Symbolisierung mehr kennt. Im Kampf um die Erfüllung ihres Wunsches werden noch einmal die hilflosen Eltern sichtbar, die auch hier Salome in ihrem Wahnsinn allein lassen. Die Liebe des Stiefvaters ist ein süchtiger Sog, der sich immer dorthin wendet, wo er seine Befriedigung finden kann, und die Liebe ihrer Mutter hält, schützt oder begrenzt sie nicht, sondern will für sich selbst den größten Gewinn erlangen.

Angespannt bis zum Äußersten wartet Salome auf das Geräusch des fallenden Kopfes. Diese Anspannung hat Strauss musikalisch außergewöhnlich ausgestaltet, mit genauesten technischen Anweisungen für den Solo-Kontrabass: »Dieser Ton, statt auf das Griffbrett aufgedrückt zu werden, ist zwischen Daumen und Zeigefinger fest zusammenzuklemmen; mit dem Bogen ein ganz kurzer scharfer Strich, sodaß ein Ton erzeugt wird, der dem unterdrückten Stöhnen und Ächzen eines Weibes ähnelt« (Partituranweisung).

Die Hochspannung ist sexuell aufgeladen, denn Salome lechzt in perverser Lust danach, dass sie bekommt, was sie haben will, dass die Kränkung wieder aufgehoben wird. Nicht zu übersehen ist, wie immens sie mit beiden Eltern identifiziert ist, deren triebhafte Gier sie sich hier zu eigen macht, um nicht in Ohnmacht zu versinken. Ihre große Angst wehrt sie kontraphobisch ab, Angst haben die anderen, Jochannan und der Henker. Über die Projektion der Angst auf andere kann sie sich stabilisieren und die Spannung halten. Aber ist in der Lust nicht auch ein tiefer Schmerz, der aus dem Schluchzen der Kontrabässe aufsteigt, ein Schmerz über die Trennung, die wiederum die Liebe, die sich nun in der folgenden Arie so majestätisch schön freisetzt, erst ermöglicht?

Auf der Handlungsebene durchbricht Salome alle Tabus und Grenzen, um zur Erfüllung ihrer Lust zu gelangen. Sie ist dabei wild, unbeirrbar und destruktiv. Ihre Lust ist pervers, weil sich das Sexualziel auf den abgetrennten Kopf des Geliebten verschoben hat, genauer auf den Mund, den sie küssen möchte. Der Kopf und der Mund erscheinen wie ein Fetisch, auf den sich jetzt alle Lust richtet. Es liegt nahe, die Enthauptung auch als eine verschobene Kastration zu begreifen, und damit als eine

Umkehrung der Kränkung, der Zurückweisung, der Dämonisierung ihres Begehrens, mit der sie kastriert wurde. Ihre Lust ist gespeist von Rache. Unbewusst kastriert und straft sie damit auch den Stiefvater, der ihr den Weg in eine gesunde sexuelle Entwicklung verwehrt hat.

Salome kann nicht trauern, die Kluft zwischen dem Ideal auf der einen Seite und der enttäuschenden zerstörerischen Realität auf der anderen Seite klafft zu riesig und sie hat keine Möglichkeiten entwickeln können, zwischen beiden Seiten eine Brücke zu schlagen. So kippt das Geschehen auf die destruktive Seite: Salome feiert ihren grausigen und wahnsinnigen Triumph. Doch die Musik spricht eine eigene Sprache. Sie leitet uns dahin, nach der Innenwelt der Grausamkeit zu fragen und dem zu folgen, was am Ende des Schlussmonologes so erschütternd dasteht: Salome ist nicht nur Täterin, sie ist auch Opfer, sie berührt in ihrem tragischen Wunsch danach, geliebt zu werden, gesehen zu werden (Plaut 2007). Die musikalische Aussage der langen Schlussarie Salomes zeigt eine komplexe Verschachtelung der Motive und Themen, die schließlich zur strahlend schönen Liebesäußerung führen, hin zu reinem C-Dur.

An den Worten vorbei, in ihrem emotionalen Ausdruck mächtiger als das Wort, transportiert Musik die Tiefendimension des Wortes und der Handlung. Gemeint ist das Prisma der übereinander gelagerten, widersprüchlichen seelischen Bestandteile des Offensichtlichen. Strauss übermittelt in seiner Oper in einer für seine Zeit neuen und konsequenten Weise die psychischen Verfassungen der Personen. Wie verschachtelte Tiefenbohrungen stehen die Aussagen der Komposition im Raum und leiten zurück zu der Frage: findet in der Salome auch eine Heilung statt?

Tod und Heilung

Zu fühlen ist, dass Salome nicht nur Täterin ist, ihr Bedürfnis, geliebt und gesehen zu werden, berührt und erregt Mitgefühl. Jochanaans ersehnter Blick wäre tatsächlich ein anderer gewesen als der Blick der anderen Männer. Durch seinen Blick hätte sie sich erkannt gefühlt, denn in ihm, der der idealen Gegenwelt entstammt, hoffte sie unbewusst, sich von Entwertung und Gewalt heilen zu können. Die Idealisierung des Verliebens knüpft an dem idealisierten Vater an, den sie unbewusst in der Liebe wiederzufinden oder wiederzubeleben hoffte. Durch die Abweisung konnte sie sich nicht weiter mit den idealisierten Selbstanteilen identifizieren und kippte in Selbstabwertung und Selbsthass, die sie wiederum mit dem Hass gegen Jochanaan abwehrte. Dieser Hass fließt in die Tötungsabsicht und beflügelt diese. Der sexuell aufgeladene Hass hilft ihr einerseits, sich innerseelisch wieder aufzurichten, sie erlebt sich als Subjekt, als Handelnde. Verinnerlichte Spuren der Gewalt der Eltern lassen sich erkennen, die Weitergabe des Traumas und der Perversion sind wirksam. Das Ziel ihres Handelns ist doppelt motiviert: Zum einen geht es ihr um die Rache und damit, wie beschrieben, um die Projektion der Kränkung. Darüber hinaus jedoch geht es ihr auch um die Liebe, um die Verschmelzung mit dem ersehnten Geliebten, der in ihr »eine wunderbare Musik« zum Klingen brachte. Dieses Ziel kann sie nur erreichen, indem sie den Raum wechselt, indem sie dekompensiert. Die Abwehrmechanismen brechen zusammen, eine massive Regression, d.h. eine Art seelische Rückwärtsbewegung befördert die Psyche auf ein archaisches primäres Stadium. Dort, wo sich Salome psychisch zum Schluss befindet, gelten andere Gesetze. In der magischen Welt des Primärprozesses ist ein Mensch gleichzeitig auch ein Teil eines Menschen, ein Teil ist gleichzeitig auch ein Ganzes, Totes ist nicht tot. Allmachtsfantasie, und sehnlicher Wunsch dominieren über Realitätswahrnehmung und Realitätsprüfung. Nach dem Sturz in den Abgrund zwischen Idealisierung und Entwertung stabilisiert sie sich durch die sexuell aufgeladene Gewalt und erlangt ihr narzisstisches Gleichgewicht zurück, wenn auch um den Preis, die Realität und damit die menschliche Gemeinschaft verlassen zu haben.

Durch diesen Zusammenbruch, der über die Gewalt zur Sehnsucht führt, kann sie ihre idealisierte Innenwelt wieder betreten und darin die Liebe erleben. Auch musikalisch arbeitet sich die Figur Salome zu den reinen, strahlenden Harmonien des Schlussmonologes durch. Sie passiert das zutiefst Unheimliche, die Angst und all die Versprengungen ihrer seelischen Fragmente auf dem Weg zu ihrer subjektiven Heilung.

Jetzt hält sie den Kopf wie ein Übergangsobjekt im Schoß und fragt noch einmal: »Was soll ich tun?« Ihr Trost, die Antwort und die Antwort der Musik ist die Allmachtsfantasie über das Geliebtwerden und das Lieben. Dort, wo sie jetzt ist, kann sie sich den Geliebten neu erschaffen, kann seine Zurückweisung ungeschehen machen, kann sich selbst neu erschaffen und kann sagen: »[...] denn das Geheimnis der Liebe ist größer als das Geheimnis des Todes.« Wir hören, wie sich das Jochanaan-Motiv und die Salome-Motive umschlingen.

Die kompositorische Entscheidung Strauss', Salomes Arie emotional eindeutig harmonisch enden zu lassen, wurden ihm als Verklärung, Verleugnung oder Inkonsequenz gedeutet. Man hatte ihm vorgeworfen, er habe nicht den Mut gehabt, die tonalen Wagnisse und Divergenzen bis zum Schluss aufrechtzuerhalten. Aber ist es nicht ein ungeheurer Mut, die mordende, perverse Salome in dieser Weise enden zu lassen und damit konsequent ihrem subjektiven seelischen Zustand Ausdruck zu verleihen? Musikalisch hat die Realität das allerletzte Wort: Die Verurteilung und der Schrecken über die offen liegende innere Welt brechen über Salome herein und schleudern uns zurück in die Wirklichkeit.

Literatur

Benjamin, Jessica (1993): Die Fesseln der Liebe. Frankfurt a.M. (Fischer).

Erikson, Erik H. (1973): Identität und Lebenszyklus. Frankfurt a.M. (Suhrkamp).

Jansen, Mechthild & Jockenhövel-Poth, Annemarie (1993): Trennung und Bindung bei adoleszenten Mädchen aus psychoanalytischer Sicht. Frankfurt a.M. (Campus).

Leikert, Sebastian (2005): Die vergessene Kunst. Der Orpheusmythos in Psychoanalyse und Musik. Gießen (Psychosozial-Verlag).

Pahlen, Kurt (1995): Richard Strauss: Salome. Mainz (Piper).

Plaut, Eric (2007): Die Große Oper. Gießen (Psychosozial-Verlag).

Rohde, Thoms (2000): Mythos Salome. Stuttgart (Reclam).

Rotter, L. (1989): Die Dynamik der Pubertät. In: Sex-Appeal und männliche Ohnmacht. Freiburg i. Br.

Unseld, Melanie (2001): »Man töte dieses Weib«. Stuttgart (J. B. Metzler).

Walz, Sandra (2008): Tänzerin um das Haupt. München (Martin Meidenbauer).

Das Mädchen, der Jüngling und der Tod

Zu zwei Liedern Franz Schuberts

Thomas Seedorf

Der Tod ist eines der großen Themen des Liederkomponisten Franz Schubert. Schaut man genauer hin und bezieht auch scheinbar heiter daherkommende Werke wie das populäre Lied von der *Forelle* D 550, das mit der Gefangenschaft und dem Tod des besungenen »Fischleins« endet, in die Betrachtung mit ein, erweist sich der Tod sogar als *das* zentrale Thema, mit dem Schubert sich zeit seines Lebens immer wieder in unterschiedlichster Weise auseinandergesetzt hat (Scholz 2000). Schon einige der ersten seiner überlieferten Vokalkompositionen wie *Hagars Klage* D 5 oder die *Leichenphantasie* D 7 (auf einen Text von Schiller) handeln vom Sterben, in vielen Liedtiteln wird der Tod sogar direkt genannt: *An den Tod* D 518, *Todesmusik* D 758 oder *Totengräbers Heimwehe* D 842 – um nur einige zu nennen.

Schubert lebte in einer Zeit, in der der Tod – anders als heutzutage – gesellschaftlich nicht ausgegrenzt wurde. Als kleiner Junge erlebte Schubert den Tod von mehreren Geschwistern, auch das Sterben anderer Menschen in seiner unmittelbaren Umgebung blieb ihm nicht verborgen. Vor allem aber traf ihn der Tod seiner Mutter im Jahr 1812, ein Erlebnis, das tiefe Spuren hinterlassen hat, in den Briefen ebenso wie im Werk. »Sein existentielles Urerlebnis war: mit dem Leben noch einmal davongekommen zu sein. Ihm war bewußt, daß er ein Überlebender war, dem der Tod nur Aufschub gewährte« (Fröhlich 1980, S. 26).

Das wohl bekannteste Lied dieses Themenkreises ist *Der Tod und das Mädchen* D 531. Schubert selbst hat die besondere Rezeption, die dieses Werk erfuhr, durch zwei Maßnahmen begünstigt: Gemeinsam mit zwei anderen Liedern[1] veröffentlichte er es 1821 unter der Opuszahl 7 und machte es so einer breiten Öffentlichkeit, der ein Großteil des Schubert'schen Liedœuvres noch auf lange Zeit verborgen bleiben sollte, schon früh zugänglich. Außerdem entwickelte er aus Teilen des Liedes das Thema für den Variationensatz seines d-Moll-Streichquartetts D 810, das nach dem Liedtitel den Beinamen »Der Tod und das Mädchen« erhielt und bis heute zu den Kernwerken des Kammermusikrepertoires zählt.

Den Text zu seinem Lied fand Schubert bei Matthias Claudius, und zwar im ersten Band der gesammelten Werke des Dichters, die zwischen 1775 und 1812 unter dem Titel *Asmus omnia sua secum portans, oder Sämmtliche Werke des Wandsbecker Bothen* erschienen waren. Claudius gehört zu den Lyrikern, zu deren Gedichten Schubert vergleichsweise oft griff. Nicht weniger als 14 Gedichte des norddeutschen Poeten hat er vertont, die meisten von ihnen in den Monaten um den Jahreswechsel 1816/17; das Lied *Der Tod und das Mädchen* entstand im Februar 1817.

Bei aller thematischen Fülle, die die Lyrik von Claudius auszeichnet und auch ein so bekanntes Gedicht wie *Der Mond ist aufgegangen* umfasst, spielt der Tod auch für ihn eine zentrale Rolle. Sie zeigt sich bereits in der »Dedikation« der *Sämmtlichen Werke* an den Tod, den Claudius »Freund Hain« nennt und in seinem Widmungsschreiben persönlich anspricht: »Ich habe die Ehr Ihren Herrn Bruder zu kennen« (Claudius 1976, S. 11), heißt es dort und dieser Bruder ist der Schlaf. Damit greift Claudius eine Idee auf, die Gotthold Ephraim Lessing wenige Jahre zuvor in die kunsttheoretische Diskussion eingebracht hatte. In seiner Abhandlung *Wie die Alten den Tod gebildet*, erstmals 1769 erschienen, widerspricht Lessing der weitverbreiteten Meinung, in der Antike sei der Tod als Skelett dargestellt worden. Auf den antiken Bildnissen sei er vielmehr als ein »Zwillingsbruder des Schlafes« in Gestalt eines Knaben oder Jünglings zu sehen (Lessing 1996). Auf Lessing Bezug nehmend, meint Claudius: »Die Alten solln ihn anders gebildet haben: als 'n Jäger im Mantel der Nacht, und die Griechen: als 'n ›Jüngling, der in ruhiger Stellung mit gesenktem trüben Blick die Fackel des Lebens neben dem

1 *Die abgeblühte Linde* D 514 und *Der Flug der Zeit* D 515 auf Gedichte von Ludwig von Széchényi, die das Thema Vergänglichkeit behandeln.

Leichnam auslöscht‹« (Claudius 1976, S. 11). So schön und tröstlich Claudius dieses Bild auch findet, so ist er »doch lieber beim Knochenmann geblieben« (ebd., S. 12), jener Visualisierung des Todes, wie sie seit dem Mittelalter nicht zuletzt durch die verschiedenen Bildtraditionen des Totentanzes wohl vertraut war (vgl. den Beitrag von Sabine Ehrmann-Herfort in diesem Band):

> »So steht er in unsrer Kirch, und so hab ich 'n mir immer von klein auf vorgestellt daß er auf'm Kirchhof über die Gräber hinschreite, wenn eins von uns Kindern 's Abends zusammenschauern tat, und die Mutter sagte: der Tod sei übers Grab gangen« (Claudius 1976, S. 12).

In seinem Gedicht *Der Tod und das Mädchen* verschmilzt Claudius das äußere Bild des knöchernen Sensenmannes, das programmatisch auf dem Titelblatt der *Sämmtlichen Werke* zu sehen ist (Claudius 1976, S. 10), mit der von Lessing so nachdrücklich vertretenen Auffassung vom Tod als »Schlafes Bruder«:

> *Das Mädchen*
> Vorüber! Ach, vorüber!
> Geh wilder Knochenmann!
> Ich bin noch jung, geh Lieber!
> Und rühre mich nicht an.
>
> *Der Tod*
> Gib deine Hand, du schön und zart Gebild!
> Bin Freund, und komme nicht, zu strafen.
> Sei gutes Muts! ich bin nicht wild,
> Sollst sanft in meinen Armen schlafen!
> (Claudius 1976, S. 86f.)

Die beiden gegensätzlichen Bilder vom Tod stehen sich im Gedicht gegenüber. Das Mädchen sieht in ihm den »wilden Knochenmann« aus der ikonografischen Tradition des Mittelalters, der Tod selbst charakterisiert sich als »Freund«, in dessen Armen das Mädchen sanft schlafen soll – als freundlicher Verwandter des Schlafes also. Und Claudius selbst gibt einen Hinweis darauf, dass das schaurige Skelett bei längerer Betrachtung seinen

Schrecken verliert: »Er ist auch so, dünkt mich, recht schön, und wenn man ihn lange ansieht wird er zuletzt ganz freundlich aussehen« (ebd., S. 12).

Wie in allen seinen großen Liedern erweist sich Schubert auch in seiner Vertonung des Claudius-Gedichts als Komponist, der Struktur und Gehalt der Dichtung aufgreift und weiterentwickelt und damit, um eine Formel des Musikwissenschaftlers Hans Heinrich Eggebrecht aufzugreifen, »Kunst durch Kunst« interpretiert (Eggebrecht 1979). Schubert, ein Komponist mit einer lebenslangen, wenn auch – zumindest nach äußeren Maßstäben – erfolglosen Liebe zur Oper, gestaltet sein Lied als kleine dramatische Szene. Es beginnt mit einem Vorspiel, dessen gravitätisch schreitende Musik später zur Rede des Todes wiederkehrt. Mit anderen Worten: Bei Schubert betritt der Tod eine imaginäre Bühne und die Rede des Mädchens erscheint in diesem Zusammenhang wie eine Reaktion auf diesen Auftritt. Als ginge der Pulsschlag in die Höhe, beschleunigt sich das Tempo, gegen die beinahe statische Ruhe der Todesmusik setzt Schubert die Erregung, die den Gesang des Mädchens charakterisiert. Die Antwort des Todes greift die eingangs gehörte Musik auf, doch während das Vorspiel im düsteren d-Moll verbleibt, wendet sich die Strophe des Todes nach Dur. Die Aufhellung, klangliches Pendant zum tröstlichen Versprechen des Textes, wird in einem Nachspiel bekräftigt.

Die musikalischen Darstellungsmittel, die Schubert einsetzt, sind von direkter affektiver Wirkung. Die Erregung des Mädchens, das zunächst in kurzen, wie atemlos wirkenden Phrasen, dann in lang gedehnten Tönen, gleichsam in Musik gefassten Angstschreien sich äußert, ist in der Musik ebenso spürbar wie die Ruhe des Todes, der über weite Strecken nur auf einem Ton singt und sich sehr behutsam durch den Tonraum bewegt. Aber auch eine Verbindung zwischen Mädchen und Tod wird bei Schubert unmittelbar nachvollziehbar. In Claudius' Gedicht herrscht beim Mädchen eine Abwehrhaltung vor, doch lässt die Formulierung »geh Lieber« im dritten Vers die Überlegung zu, dass diese Haltung eigentlich eine ambivalente, zwischen Angst und geheimer Hingabe schwebende sei.[2] Bei Schubert

2 In der ersten Fassung des Gedichts, die 1775 im *Göttinger Musenalmanach* erschien, heißt der Vers: »ich bin noch jung; geh lieber«, wohl im Sinne von: »Es wäre besser, wenn du vorbeigingest«. Claudius hat in den späteren Fassungen des Liedes stets die Großschreibung (»Lieber«) verwendet, aus dem nebensächlichen Adverb also eine Anrede gemacht (vgl. Urmoneit 1997, S. 47).

hingegen sinkt das Mädchen dem Tod geradezu in die Arme. Zu den Worten »und rühre mich nicht an« verwandelt sich die unruhig pochende Klavierbegleitung in einen ruhigen Akkordsatz, der den typischen Todes-Rhythmus (Halbe–Viertel–Viertel) aufgreift. Die Singstimmenmelodie sinkt in zwei Phasen nach unten und schließt auf e^1, einen Ton über dem d^1 also, mit dem der Tod seine Rede beginnt.

Die unmittelbare Wirkung der Musik wird dadurch verstärkt, dass Schubert musikalische Topoi aufgreift, die zumal den Musikkennern seiner Zeit wohl vertraut waren. In der bewegten Klavierbegleitung, in der sich Akkordwiederholungen zwischen linker und rechter Hand einander ergänzend abwechseln, und in den teils kurzen und gleichsam abgerissenen, teils expressiv gedehnten Gesangsphrasen des Mädchens greift Schubert einen für solche Affektlagen charakteristischen Arientypus der Oper auf, die sogenannte Aria agitata (Urmoneit 1997, S. 55). Die Strophe des Todes kombiniert gleich mehrere Topoi miteinander: Der schreitende Rhythmus verweist auf die Pavane, das »Muster eines langsamen, feierlich-gravitätischen Schreittanzes« (SL [Lawrence Moe] 1997, Sp. 1539), und damit auf die ikonografische Tradition des Totentanzes. Das Deklamieren des Textes auf einer Tonhöhe erinnert an die Tradition der Lektionstöne, wie sie in der kirchenmusikalischen Praxis bis heute bekannt sind. Darüber hinaus ist eine Anlehnung an den quasisakralen Tonfall des Orakelspruchs aus Christoph Willibald Glucks Oper *Alceste*, einem Lieblingswerk Schuberts, zu erkennen, auch die Rede der Komtur-Statue aus der Friedhofsszene in Mozarts *Don Giovanni*, wie das Orakel eine Stimme aus dem Jenseits, ist ein denkbarer Referenzpunkt (Wolff 1982, S. 156–159).

***

Im März 1817, nur einen Monat, nachdem er Claudius' Gedicht *Der Tod und das Mädchen* vertont hatte, komponierte Schubert ein Pendant zu diesem Lied – *Der Jüngling und der Tod* D 545:

> *Der Jüngling*
> Die Sonne sinkt, o könnt' ich mit ihr scheiden,
> Mit ihrem letzten Strahl entfliehen,

Ach diese namenlosen Qualen meiden,
Und weit in schön're Welten zieh'n.

O komme Tod, und löse diese Bande!
Ich lächle dir, o Knochenmann,
Entführe mich leicht in geträumte Lande,
O komm und rühre mich doch an!

Der Tod
Es ruht sich kühl und sanft in meinen Armen,
Du rufst, ich will mich deiner Qual erbarmen!
(Schochow 1974, S. 672)

Der Text stammt von Joseph von Spaun, einem Freund Schuberts, und es ist sehr wahrscheinlich, dass Schubert das Gedicht nach dem Manuskript des Dichters vertonte, so wie er es mit dichterischen Vorlagen aus dem Freundeskreis häufig tat. Spauns Gedicht nimmt unverkennbar Bezug auf Claudius. Die Dialogstruktur verweist darauf ebenso wie das Prinzip der Anspielung auf einzelne Wendungen (»Knochenmann«, »rühre mich doch an«, »sanft in meinen Armen«) und nicht zuletzt der Titel. Doch so wie in diesem die Reihenfolge der Akteure gegenüber dem Gedicht von Claudius vertauscht ist, sodass der Jüngling an erster Stelle steht und erst dann der Tod genannt wird, so ist auch der Inhalt gegenüber der Vorlage in sein Gegenteil verkehrt. Der Jüngling hat keine Angst vor dem Tod, sondern er sehnt ihn geradezu herbei. Der Tod muss weder locken noch beruhigen, sondern bestätigt den Wunsch des Jünglings: »ich will mich deiner Qual erbarmen!«

Wie *Der Tod und das Mädchen* ist auch *Der Jüngling und der Tod* in zwei Fassungen überliefert. Doch während sich im ersten Fall die Fassungen nur in unwesentlichen Details voneinander unterscheiden, sind die Differenzen im Falle des späteren Liedes erheblich. Die erste Fassung von *Der Jüngling und der Tod* beginnt in cis-Moll und schließt in H-Dur. Während die Strophen des Jünglings sich in einem tenoralen Ambitus bewegen, singt der Tod in einer baritonalen Tonlage. Vielleicht war es dieses Auseinandertriften der sängerischen Anforderungen, die die Aufteilung des Liedes auf zwei Sänger notwendig machte, die Schubert zur Überarbeitung seiner ursprünglichen Konzeption bewegte. Auch die zweite Fassung beginnt in cis-Moll, dann aber geht es anders weiter: Dem Gesang des Jünglings folgt eine kurze Überleitung, die den charakteristischen Todes-Rhythmus aus *Der Tod und das Mädchen* anklingen lässt. Die Stimme des Todes verbleibt in einer tenoralen Lage, doch erhält sie eine Art unterirdischen Klangschatten, indem die Haupttöne der Melodie in tiefer Lage in der linken Hand des Klaviers mitgeführt werden. Auch den Schluss, der sich nach F-Dur wendet, hat Schubert gegenüber der ersten Fassung verändert, indem er den charakteristischen Rhythmus des Todes noch einmal aufgreift und damit den intertextuellen Bezug zwischen den beiden Liedern nachdrücklich unterstreicht.

Gravierender als die Gemeinsamkeiten zwischen den Liedern sind aber die Unterschiede. Das zeigt sich schon an der Gewichtung der Dialogpartner: Während Mädchen und Tod bei Claudius jeweils eine Strophe von je vier Versen zugewiesen ist, singt der Jüngling bei von Spaun zwei Strophen zu vier Versen, während für den Tod nur ein Zweizeiler vorgesehen ist. Bei Claudius zielt alles auf die Rede des Todes, und Schubert unterstützt diese Tendenz mit allen Mitteln, die ihm zur Verfügung stehen. Bei Spaun steht hingegen die Todessehnsucht des Jünglings im Mittelpunkt, die Rede des Todes erscheint wie ein bestätigender Abgesang des zuvor Gesagten, zugleich wie ein Übergang in eine andere Welt.[3]

***

In beiden Fassungen von *Der Jüngling und der Tod* sprengt Schubert die für Lieder in der Regel gültige Einheit der Tonart zugunsten einer harmonischen Bewegung, die in der Musiktheorie als »progressive Tonalität« (Newlin 1947, S. 129) bezeichnet wird, als ein Fortschreiten innerhalb eines Werks von einer Ausgangstonart zu einer anderen Zieltonart. Der Verzicht auf tonale Einheit ist indessen ein Mittel, das Schubert auch in mehreren anderen Liedern verwendet hat, etwa in der gleichfalls 1817 entstanden Vertonung von Goethes Ode *Ganymed* (Seedorf 2003). Hier wie dort steht die Veränderung der harmonischen

3 Anders als *Der Tod und das Mädchen* blieb *Der Jüngling und der Tod* zu Lebzeiten Schuberts unveröffentlicht. Die Erstausgabe der 2. Fassung erschien erst 1872, diejenige der 1. Fassung 1895 im Rahmen der ersten Gesamtausgabe der Werke Schuberts.

Bezugspunkte für die Idee der Verwandlung: So wie der Jüngling Ganymed seines irdischen Daseins enthoben wird und zum Olymp aufsteigt, so ermöglicht der Tod dem Jüngling, das als Qual empfundene Leben im Diesseits hinter sich zu lassen und »in schön're Welten« zu ziehen.

Ein weiteres Lied, ebenfalls in unmittelbarer zeitlicher Nähe komponiert, verwendet eine ganz ähnliche Formulierung. In dem Lied *An die Musik* D 547, einem der populärsten Werke Schuberts, komponiert im März 1817 auf einen Text des Freundes Franz von Schober, heißt es:

> Du holde Kunst, in wie viel grauen Stunden,
> Wo mich des Lebens wilder Kreis umstrickt,
> Hast Du mein Herz zu warmer Lieb entzunden,
> Hast mich in eine beßre Welt entrückt.
> (Schochow 1974, S. 597)

Auch hier geht es um einen Wechsel von der einen in eine andere Welt – doch in welche? Im Falle des Liedes *An die Musik* ist es die Welt der Kunst, die einen Gegenentwurf zur unwirtlichen Realität darstellt. Die »schön'ren Welten«, nach denen es den Jüngling im Gedicht von Spauns verlangt, scheinen hingegen im Jenseits zu liegen, von dem kein Weg mehr zurück führt. An die Stelle von Claudius' »aufgeklärt-klassizistische[r] Todesvorstellung vom Tod als Schlaf, welche der barocken Vergänglichkeitsallegorie den Schrecken genommen und dem Tod humane Würde verliehen hatte« (Kohlhäufl 1999, S. 171), tritt bei von Spaun »romantische Metaphysik« (ebd.).

Den eigentlichen Beginn der romantischen Auseinandersetzung mit dem Tod stellen die *Hymnen an die Nacht* von Novalis dar (Rehm ²1967, S. 272) Die romantische Beschäftigung mit dem Tod und, aufs engste mit ihr verknüpft, der Kult der Nacht wurden zwar durch Novalis begründet, doch war das Thema als Gegenstand künstlerischer Auseinandersetzung keineswegs neu. »Es würde schwerlich gedichtet werden auf Erden ohne den Tod«, bemerkte Thomas Mann einmal und bezog sich damit auf eine von der Antike bis in unsere Zeit reichende Tradition der Beschäftigung mit dem Tod in der Kunst (zit. n. Rehm ²1967, S. 1). Der romantische Todes- und Nachtkult und mit ihm Schuberts lebenslange Auseinandersetzung mit diesem Thema stehen inmitten dieser Tradition.

Schubert hat zwar im Angesicht des Todes gelebt, doch wäre nichts unzutreffender, als seinen Lebensweg so darzustellen, als habe er sich seit seinen Kindertagen dem Tod sehnsüchtig entgegenbewegt. Er war dem Tod mal mehr, mal weniger nah, und es gab Zeiten, in denen er sich ihn wohl in der Tat herbeiwünschte. Im Jahr 1824 schreibt Schubert an den befreundeten Maler Leopold Kuppelwieser:

> »[…] ich fühle mich als den unglücklichsten, elendsten Menschen auf der Welt. Denk Dir einen Menschen, dessen Gesundheit nie mehr richtig werden will, u. der aus Verzweiflung darüber die Sache immer schlechter statt besser macht, denke Dir einen Menschen, sage ich, dessen glänzendste Hoffnungen zu Nichte geworden sind, dem das Glück der Liebe u. Freundschaft nichts biethen als höchstens Schmerz, dem Begeisterung (wenigstens anregende) für das Schöne zu schwinden droht, und frage Dich, ob das nicht ein elender, unglücklicher Mensch ist? – ›*Meine Ruh ist hin, mein Herz ist schwer, ich finde sie nimmer u. nimmermehr*‹, so kann ich wohl jetzt alle Tage singen, denn jede Nacht, wenn ich schlafen geh, hoff ich nicht mehr zu erwachen, u. jeder Morgen kündet mir nur den gestrigen Gram« (Deutsch 1964, S. 234).

Das Leiden, das Schubert in seinem Brief erwähnt, eine Geschlechtskrankheit, hatte er sich wahrscheinlich im Spätherbst des Jahres 1822 zugezogen, und es quälte ihn in den sechs Jahren bis zu seinem Tod immer wieder aufs schlimmste. Kurz nach Ausbruch der Krankheit entstand der Liederzyklus von der *Schönen Müllerin*, an dessen Ende der Bach dem toten Müllerburschen sein Wiegenlied singt. Der Tod ist hier ein ausgesprochenes Faktum, die ewige Ruhe im Bach ist das tragische Ende einer Wanderschaft, die einmal munter begann. Anders verhält es sich mit dem späteren Zyklus *Winterreise*. Das Schicksal des Wanderers bleibt ungewiss, wir erfahren viel von seiner Todessehnsucht, doch nichts darüber, wer der Leiermann im letzten Lied ist und wohin der Wanderer mit ihm gehen wird.

Im Kontext der Lieder, die Schubert in der ersten Hälfte des Jahres 1817 komponierte, erscheint die Todessehnsucht noch als eine von mehreren Spielarten einer ästhetischen Gegenwelt, wie sie bei vielen Künstlern dieser Zeit anzutreffen ist. Das utopische Potenzial, das für sie charakteristisch ist, hatte sich für Schubert am Ende seines Lebens erschöpft. In seinen letzten Liedern ist der Gedanke an den Tod kein schönes Spiel der Kunst mehr, sondern eine zutiefst existenzielle Angelegenheit.

Literatur

Claudius, Matthias (1976): Sämtliche Werke. Hrsg. von Jost Perfahl. München (Winkler-Verlag).

Deutsch, Otto Erich (Hg.) (1964): Schubert. Die Dokumente seines Lebens. Kassel (Bärenreiter-Verlag).

Eggebrecht, Hans Heinrich (1979): Vertontes Gedicht. Über das Verstehen von Kunst durch Kunst. In: Ders.: Sinn und Gehalt. Aufsätze zur musikalischen Analyse. Taschenbücher zur Musikwissenschaft. Wilhelmshaven (Heinrichshofen), S. 213–263.

Fröhlich, Hans Jürgen (1980): Schubert. Frankfurt a. M. (Fischer-Taschenbuch).

Lessing, Gotthold Ephraim (1996): Wie die Alten den Tod gebildet. In: Göpfert, Herbert G. (Hg.): Werke. Bd. 6: Kunsttheoretische und kunsthistorische Schriften. Darmstadt (Wissenschaftliche Buchgesellschaft), S. 405–462.

Kohlhäufl, Michael (1999): Poetisches Vaterland. Dichtung und politisches Denken im Freundeskreis Franz Schuberts. Kassel (Bärenreiter-Verlag).

Newlin, Dika (1947): Bruckner – Mahler – Schoenberg. New York (King's Crown Press).

Rehm, Walter ([2]1967): Der Todesgedanke in der deutschen Literatur vom Mittelalter bis zur Romantik. Tübingen (Niemeyer).

Schochow, Maximilian und Lilly (Hg.) (1974): Franz Schubert. Texte seiner einstimmig komponierten Lieder und ihre Dichter. Bd. 2. Hildesheim (Georg Olms).

Scholz, Gottfried (2000): Schubert und der Tod. In: Buxbaum, Elisabeth & Kriegleder, Wynfried (Hg.): Prima le parole e poi la musica. Festschrift für Herbert Zeman zum 60. Geburtstag. Wien (Ed. Praesens), S. 373–375.

Seedorf, Thomas (2003): Ein Lied ist kein Lied ist ein Lied. Goethes *Ganymed* – »In Musik gesetzt ... von Franz Schubert«. Schubert: Perspektiven 3, 1–27.

Urmoneit, Sebastian (1997): Untersuchungen zu Franz Schuberts Klavierlied »Der Tod und das Mädchen«. In: Riehn, Rainer (Hg.): Franz Schubert. »Todesmusik«. München (Edition text + kritik), S. 44–65.

Wolff, Christoph (1982): Schubert's »Der Tod und das Mädchen«: analytical and explanatory notes on the song D 531 and the quartet D 810. In: Badura-Skoda, Eva & Branscombe, Peter (Hg.): Schubert studies. Problems of style and chronology. Cambridge (Cambridge University Press), S. 143–171.

Musik als ästhetische Thanatologie

Historische und psychoanalytische Aspekte

Sebastian Leikert

Einleitung

Der Tod und das Mädchen – wer denkt bei diesem Thema nicht an Schubert, wer denkt nicht an die Romantik und Hochromantik mit ihrer Apotheose der abgründigen Liebesbeziehung? Ist dieses Motiv aber tatsächlich lediglich ein romantisches? Folgt es lediglich der Faszination dieser Epoche für das Unheimliche, die Klüfte und Verwerfungen der sexuellen Begegnung? Oder wird hier, quasi als holistische Projektion, eine Grundspannung der Musik selbst auf die Leinwand der Inszenierung geworfen? Und – wenn das so ist – in welchem Gewand taucht das Thema in anderen Epochen auf?

Die Frage, die ich hier verfolgen möchte, geht jedoch weiter. Ich glaube nicht nur, dass das Thema – Der Tod und das Mädchen – alle Zeiten der Musikgeschichte beschäftigt, sondern sehe in dieser Spannung die Grundspannung der Musik selbst. Wenn wir, so meine Überlegung, nach der Bedeutung des Themas fragen, fragen wir nach dem Wesen der Musik. Der Tod und das Mädchen – das ist eine Metapher, aber eine Metapher wofür? Das hat etwas mit der Musik zu tun, aber was genau? Wonach fragen wir, wenn wir nach diesem Verhältnis von Tod und Mädchen fragen?

In Ergänzung zu den Einzeluntersuchungen dieses Bandes, die bereits in der Vielfalt der betrachteten Musikepochen die Valenz des Themas über die Romantik hinaus belegen, unternehme ich den Versuch, die Frage nach dem dynamischen Kern der Musik zu stellen und die einzelnen Werke als Emanationen dieser Grundspannung zu begreifen. Die besondere musikalische und szenische Form des Werkes wäre dann, quasi im Sinne des von Freud beschriebenen Mechanismus der Traumarbeit, mit der »Rücksicht auf Darstellbarkeit« zu vergleichen: Die Grundspannung der Musik sucht sich in der Inszenierung ihre sichtbare Entsprechung zu schaffen, bildet aber vor allem die hörbare Entsprechung der Grundspannung in der eigentlich wirksamen musikalischen Verlaufsstruktur.

Musik in dieser Weise als eine *ästhetische Thanatologie*, d.h. als Todeskunde aufzufassen, behauptet, dass man Musik als einen Versuch des Menschen begreifen kann, über den Tod zu wissen, was man über den Tod wissen kann. Musik ist aber keine *philosophische* Thanatologie. Das Wissen über den Tod liegt nicht in Form von Sätzen und Thesen vor. Musik ist eine *ästhetische* Thanatologie, d.h., sie bietet Möglichkeiten, sich dem Tod durch ein erlebtes, ein *ästhetisches Wissen* zu nähern. Musik ist ein Versuch, der Erfahrung des Todes durch Formen des Erlebens standzuhalten, d.h., nicht vor der Erfahrung des Schreckens zu fliehen. In einer ähnlichen Paradoxie von Liebe und Tod nähert sich die Psychoanalyse dem Erleben des Todes ebenfalls über den Eros. Ausgehend von der *Trennung der Liebenden* erforscht Caruso (1974) die *Phänomenologie des Todes* – ein etwas enigmatischer Buchtitel.

Musik und Tod in der griechischen Mythologie

Musik als *Todeskunde* aufzufassen, ist keine neue Denkfigur. Sie durchzieht des mythische Denken Griechenlands. Der Mythos von Orpheus ist ja nicht mehr und nicht weniger als eine Auffächerung der Auseinandersetzung des Subjekts mit dem Tod, und zwar mit den Mitteln der Musik. Ist die psychoanalytische Reflexion in der Lage, sich diesem Rätsel anzunähern?

Eurydike stirbt. Die Trennung der Liebenden durch den Tod und das äußerste Anrennen des Orpheus gegen diese Trennung bildet die erste Szene des Mythos; die Begegnung mit Eurydike im Hades – mit den Göttern des Todes, Hades und Persephone, und mit der Geliebten als Tote – die zweite. Aber auch hier endet die Auseinandersetzung mit dem Tode nicht. Eurydike gelangt nicht zurück an die Oberwelt, durch die Blickwendung des Orpheus stößt er sie zurück in den Hades, tötet sie damit endgültig, bleibt aber auch selbst als lebender Toter, versteinert und ohne Liebe und Nahrung, in einem mortifizierenden Schockzustand zurück. Doch auch hier endet die Geschichte nicht. Orpheus belebt sich mithilfe der Musik wieder. Er findet, wenn auch nicht zurück zur Liebe zu den Frauen, so doch zurück zur Liebe zu einer Toten, zu der nun im Tombeau besungenen Eurydike. Doch auch dies ist nicht der Endpunkt des Mythos, der uns gnadenlos weitertreibt in die nächste Eskalationsstufe: die Begegnung mit der tötenden Liebe der Mänaden. Die Frauen, erzürnt durch die Missachtung ihres Begehrens durch Orpheus und berauscht von der Musik des bacchantischen Rituals, treffen auf Orpheus, überschreien und töten ihn. Seine Glieder verstreuen sie auf dem Land, sein Kopf treibt – weiter singend – über das Meer auf die Insel Lesbos, wo es von nun an Orakel spricht, d.h. von der Erfahrung des Todes kündet.

Der Mythos fächert die Begegnung mit dem Tod in einem verwirrenden Kaleidoskop auf. Diese Verwirrung klärt sich auch nicht, wenn andere Figuren der griechischen Mythologie, die mit der Musik verbunden sind – Dionysos, die Musen, Marsyas, die Sirenen –, mit in die Betrachtung einbezogen werden. Auch sie haben eine gewisse Amoure mit dem Todesthema.

Der Tod / und / das Mädchen

Es soll auch nicht der Versuch unternommen werden, zu einer Klassifizierung oder Übersicht über die komplexen Formen der Beziehung von Musik und Tod zu kommen. An dieser Stelle möchte ich lediglich einige Punkte festhalten. Zunächst: Das Thema Der Tod und das Mädchen ist kein romantisches Thema, sondern beschäftigt die Musik schon seit der Antike. Und dann: der Singular – *der* Tod – ist zu streichen. Es ist eine *Vielzahl von Todesmöglichkeiten* (der Tod des geliebten Objekts, die Verlebendigung des anderen als totes Objekt, das Erleben des eigenen Totseins etc.), mit denen sich das Subjekt in der Musik auseinandersetzt.

Was aber ist mit dem zweiten Singular unseres Themas Der Tod und *das Mädchen*? Wofür steht *das Mädchen*? Geht man auf den Mythos zurück und leitet daraus eine provisorische Perspektive ab, so erkennt man in der Bewegung, die gegen den Tod anrennt, die unbedingte Liebe, den reinen Eros, der, ungeachtet der absoluten Grenze (der Grenze des Hades) sein Wesen nicht wandelt und weiter die Vereinigung mit dem Objekt sucht.

Wir gelangen zu folgender Fragesituation: Auf der einen Seite erkennen wir den Eros, auf der anderen Seite eine Vielfalt von Formen der Erfahrung des Todes. Es ergibt sich die Frage nach der Beziehung der beiden Satzteile zueinander – Der Tod *und* das Mädchen. Wie ist dieses *und* zu denken? Wie ist die Beziehung des Mädchens zum Tod und des Todes zum Mädchen? Müssen wir das Verhältnis von Tod und Mädchen im Sinne einer Missachtung, Zerstörung, Vergewaltigung des Mädchens in seiner Vitalität denken, also als eine Nichtung? Nach dem Motto: der böse Tod, der dem unschuldigen Mädchen an die Wäsche geht und ihm Böses antut?

Wir sehen das nicht so. Ich darf hier ein wenig aus der vorbereitenden Sitzung des Vorstands berichten. Wir haben, wie das in Vorbereitungsgruppen üblich ist, über alles kontrovers diskutiert, vieles erwogen, vieles verworfen, aber eines war ganz klar. Bei der Frage nach dem Bild, mit dem wir für unser Thema werben wollten, waren wir uns in geradezu unheimlicher Weise einig. *Diese* Zeichnung[1] – ein Munch – sollte es sein. Für diese Entscheidung haben wir keine fünf Minuten gebraucht. Die Wahl des Bildes ist ein Vorstandsbeschluss, der in seltener Einmütigkeit getroffen wurde.

Warum? Wir haben das nicht diskutiert, es war einfach klar, diese Zeichnung ist die richtige. Meine Interpretation, und hier kann ich natürlich nur für mich sprechen, lautet: Der Munch ist die richtige Abbildung, weil er die Musik zeigt, will sagen, die Liebe des Mädchens für den Tod. Ich bezeichne die Musik also nicht allein als ästhetische Thanatologie, also als eine zufällige Beschäftigung mit einem Thema, sondern als eine aktive, liebende Hinwendung zum Tod, als ästhetische Thanatophilie, als Liebe zum Tode. *Musik ist die Liebe des Mädchens zum Tod.* Aber was ist mit

1 Siehe Umschlagabbildung.

diesem paradoxen Bild gesagt, welches psychische Grundverhältnis ist hier intuitiv dargestellt?

Einige Stationen des Todesmotivs

Bevor ich daran gehe, diese anthropomorphisierende Darstellung in eine psychoanalytische zu übersetzen, möchte ich noch einige historische Aspekte berühren. Ich habe von einer Auffächerung der Todesthemen im griechischen Mythos gesprochen und die Todesmotive sind ja wahrlich vielfältig. Dennoch glaube ich zu erkennen, dass die Moderne diese Liste verlängert, also Todesmotive hervorbringt, die zumindest ich im griechischen Denken nicht erkennen kann.

Der christliche Kontext inszeniert das Todesmotiv zunächst auf der religiösen Bühne, nicht als Ereignis in der Liebe der Geschlechter, wie es in der Antike und seit der Renaissance üblich ist, sondern als Liebe des Subjekts zu Christus dem Erlöser. Der christliche Kontext kultiviert eine Liebe zum Tod, eine Verehrung des Jenseits, die im griechischen Denken, in dem der Hades kein höheres, sondern ein geraubtes Leben bedeutet, nicht vorkommt. Verlust der Geliebten oder Tod des Erlösers – oft ist das Verlustthema in der begleitenden Szenerie der Musik ausgewiesen. Traumatische und quasi orphische Verlusterfahrungen sind aber auch dort Motiv der Komposition, wo dies am Werk selbst nicht ohne Weiteres abzulesen ist. So verlor Bach 1720 überraschend und ohne jede Vorwarnung seine geliebte Frau Maria Barbara und verarbeitete diesen Verlust sowohl in der Ciaconna seiner Partita für Violine Solo d-Moll (Thoene 2003) als auch im Wohltemperierten Klavier (Leikert 1996).

Ein weiteres Feld dieser Thematik findet sich natürlich auch auf der Opernbühne. Hier ist nicht der Raum, der Verschränkung des Todes mit dem Liebesmotiv in der Oper nachzugehen. Es reicht aus, daran zu erinnern, dass die Oper als Genre wiederum dem Orpheusthema verbunden ist. Monteverdis *Orfeo* eröffnet 1607 die Gattung der Oper. Dies verstehe ich jedoch nicht als Wiederkehr des Immergleichen, im Gegenteil: Der Tod als Erlösung, wie er etwa bei Wagner auftaucht, ist eine Erfindung der Neuzeit. Die psychoanalytische Erforschung dieses Themas auf der Opernbühne fördert eine Vielfalt von Konstellationen zutage (Oberhoff/Leikert 2009). Guck-Nigrelli beschreibt in ihrer Analyse des unbewussten Transformationsprozesses der Oper, wie der Objektverlust – repräsentiert im Tod der Primadonna – über den gesamten Verlauf der Oper vorbereitet, eingeübt und schließlich vollzogen werden kann (Guck-Nigrelli 2009).

Wir finden die engste Verknüpfung von Musik und Todesthema auch keineswegs nur in der klassischen Musik der großen Komponisten von Monteverdi bis in die Gegenwart – im Mai 2009 konnte man in Schwetzingen etwa die Uraufführung der *Proserpina*-Oper des Karlsruher Komponisten Wolfgang Rihm hören – auch in der intuitiven Massenkultur z. B. des Rap findet sich diese Spur. Als ein Beispiel hierfür gehe ich kurz auf Sido ein, einen Rapper, der zu Beginn seiner Karriere grundsätzlich mit einer glänzenden Totenmaske auftrat. Diese Inszenierung impliziert ein historisch neues Element. Bisher war der Sänger der Leidende gewesen, das Subjekt, dem der Tod angetan wurde, der Tod des Objekts, der eigene Tod oder andere Formen der Erfahrung des Todes. Sido inszeniert dies in einer neuen Wendung, er tritt selbst als Tod auf. Sido inszeniert sich als der singende Tod.

Welches ist nun die neue Dimension dieser Szene? Wenn wir die Musik als Liebe zum Tod verstehen, d. h. als die transformierende Zuwendung des Eros zu dem, was das Subjekt mit Nichtung bedroht, so erscheint die Nichtung hier unwandelbar vollzogen. Das künstlerische Subjekt ist nicht vom Tode bedroht und rettet sich durch die Musik – dieses Szenario ist das Leitmotiv aller bisher aufgereihten Konstellationen –, sondern der Tod, die Nichtung ist eine fertige Sache. Wer hier auftritt, ist der Tod, und dies ziemlich gründlich, denn Sido kombiniert zwei Momente: Es ist ja nicht einfach der alte, gemütliche Gevatter Tod, wie er, Knochen klappernd und mit Stundenglas und Sense, bereits quasi zur Familie gehört. Nein, es ist eine glänzende Todesmaske, eine glänzend spiegelnde Totenmaske: makellos wie Industriedesign. Hier singt kein Mensch, auch kein getöteter Mensch wie etwa der Kopf des Orpheus, sondern ein Automat.

Damit überschreitet er das, was durch den Orpheusmythos artikuliert ist. Orpheus dringt ins Reich des Todes ein, er bringt auch die Felsen, das Unbelebte in Bewegung. Trotzdem ist hier die Sache noch in Ordnung, der singende Eros verlebendigt den toten Stein. Was aber, wenn der Stein selbst singt? Was, wenn die Stimme selbst vom Toten ausgeht? Was, wenn das Lebendige nicht lebt, sondern Leben nur simuliert? Was, wenn das Leben in Wahrheit ein Automat ist? Auch die Musik selbst ändert sich in ihrer Substanz: Sie ist nicht mehr Leben spendend, sondern ein Angriff auf das Leben. Sido ist ein Kunstwort, es ist eine Abkürzung, die Buchstaben – S I D O – bedeuten: Scheiße In Dein Ohr.

Zur Psychoanalyse der Thanatophilie

Wenden wir aber den Blick vom Phänomen zur Erklärung: Wie können wir psychoanalytisch verstehen, was in der Musik geschieht? Wofür sind die Figuren von Tod und Mädchen eine Metapher? Und wie können wir von der metaphorischen Ebene zur theoretischen gelangen? Carusos Arbeit zur *Trennung der Liebenden* trägt den etwas rätselhaften Untertitel *Eine Phänomenologie des Todes*. Was aber ist der Gegenstand des Buches von Caruso und warum eignet es sich für unseren Kontext, obwohl es – ungeachtet des klangvollen Namens des Autors – an keiner Stelle um Musik geht?

Caruso beschäftigt sich in der Tat mit einem Thema, das den Transfer von der metaphorischen Ebene von Tod und Mädchen zur Klarheit der Theorie leisten kann. Es ist eine detailreiche Studie zu den psychischen Katastrophen und den Prozessen der Abwehr der traumatisch destruktiven Erfahrung, die eine Trennung von Paaren nach sich zieht, die sich auf der Höhe der sexuellen Intimität befinden: »Die Liebestrennung zu untersuchen heißt, die Gegenwart des Todes in unserem Leben zu untersuchen« (Caruso 1974, S. 24).

In der leidenschaftlichen Liebesbeziehung bildet sich nach Caruso »eine vorwiegend Es-hafte Dualunion«, die »etwas dynamisch Verschiedenes von der ›Summe‹ beider Persönlichkeiten« ist (ebd., S. 54). Trennt sich nun diese leidenschaftliche Beziehung, so komme es zur Gefahr des psychischen Todes. Nicht nur diese Dualunion existiert nicht mehr, sondern »an diesem Tod sterben die beiden Partner in ihrem Ich« (ebd., S. 55). Die Erfahrung der Trennung ist total und droht das psychische Leben zu vernichten: »Die Welt«, sagt Caruso, »besteht förmlich aus der Wunde der Trennung« (ebd., S. 83).

Zunächst erstaunt die Radikalität, mit der Caruso das Trennungsthema an die Erfahrung des psychischen Todes knüpft. Und er ist in dieser Richtung äußerst konsequent. Sämtliche Formen des Umgangs mit der Trennung beschreibt er als Formen der *Abwehr* und nicht als Formen der *Verarbeitung* des Trennungserlebnisses. Nicht nur die nachträgliche Entwertung des Objekts oder die Flucht in Arbeit sind Versuche, dem unerträglichen Schmerz zu entkommen, auch die Idealisierung tötet die erlebte Erfahrung. Für Caruso heiß es »*den Abwesenden in seinem eigenen Bewußtsein töten*, indem man dessen Imago [...] zu einer Idee zusammenschrumpfen läßt, also zu einer unverbindlichen Idealisierung« (ebd., S. 81).

Caruso schreckt auch nicht davor zurück, den Selbstmord oder gar den Doppelselbstmord als »eine radikale Vorbeugung der Trennung« zu bezeichnen (ebd., S. 66). Das Leben bleibt in seiner Dramatik nicht zurück hinter dem, was auf der Opernbühne inszeniert wird. Welche Fragen aber stellt Caruso in dieser radikalen Weise?

➢ Wie ist diese Beziehung beschaffen, die so eindeutig *Leben* bedeutet und deren Ende so eindeutig *Tod* bedeutet?
➢ Wie ist diese Beziehung beschaffen, deren lebendige Substanz sich in keiner Weise in andere Register des psychischen Lebens übertragen lässt?

Ich möchte kurz bei dem zweiten Punkt verweilen. Caruso sagt eindeutig, dass die gelebte Liebeserfahrung durch keinen Mechanismus der psychischen Struktur auch nur halbwegs angemessen dialektisch aufgehoben und abgemildert werden kann.

Es ist, wie Pessoa in seinem *Buch der Unruhe* sagt: Es gibt die Dialektik von sinnlicher und geistiger Erfahrung, von Glück und Wissen – aber es gibt sie nur bei Hegel und »nur auf dem Papier« (Pessoa 2008, S. 386).[2]

2 Pessoa schreibt: »Es gibt kein Glück ohne Wissen. Aber das Wissen vom Glück bringt Unglück; denn sich glücklich wissen heißt wissen, dass Glück Zeit ist und dass Zeit unweigerlich vergeht. Wissen heißt töten, im Glück wie in allem anderen. Und doch, nicht wissen heißt nicht existieren. Nur das Absolute Hegels hat es vermocht, zweierlei gleichzeitig zu sein – auf dem Papier. Sein und Nicht-Sein mischen sich weder, noch verschmelzen sie in den Empfindungen und Ursprüngen des Lebens: sie schließen einander durch eine umgekehrte Synthese aus« (Pessoa 2008, S. 386).

In Wahrheit mischen sich Sein – d.h. die gelebte Empfindung – und Nichtsein – also die tote symbolische Form der Erfahrung – nicht.

Tatsächlich, folgen wir Caruso, mischt sich die gelebte Liebeserfahrung in keiner Weise mit den Erinnerungen, Idealisierungen oder sonst welchen Formen der Verarbeitung in einer Weise, die nicht den Tod der Erfahrung zur Folge hätte. Wir stoßen an dieselbe Grenze, die Pessoa mit den schlichten Worten »Wissen heißt töten« beschreibt (ebd., S. 386).

Die kinästhetische Semantik

Und mit diesen Kennzeichen der Liebe sind wir im Herzen der musikalischen Erfahrung angelangt, der Kunst, die sich ebenfalls in keiner Weise den groben Griffen sprachlicher Begrifflichkeit fügt. Die Musik fordert uns heraus, Konzepte dafür zu formulieren, dass es jenseits von Sprache und Vorstellung eine Form der psychischen Organisation gibt, die wesentlich aus der inneren Organisation von sinnlicher Erfahrung hervorgeht und in keiner Weise in die Register des Symbolischen zu übersetzen ist.

Für diese Form der psychischen Organisation habe ich den Begriff der *kinästhetischen Semantik* vorgeschlagen (Leikert 2011). Semantik meint dabei, dass die Sinnlichkeit in den verschiedensten Ausformungen nicht einfach das Tor zu einer weitergehenden psychischen Verarbeitung im Raum der Sprache ist, so wie Freud und in seiner Folge die meisten Psychoanalytiker es konzipierten, sondern ein in sich geschlossenes System der Bildung, Transformation und Speicherung von Erfahrung bildet. Damit ist auch der Begriff des ästhetischen Wissens umschrieben. Es besteht ja wohl kein Zweifel daran, dass etwa die Musik ein äußerst komplexes und umfangreiches Gedächtnissystem für das emotionale Menschheitswissen ist.

Dieses System der Bildung und Speicherung von Bedeutung besteht bereits vor Einsetzen der Sprachfähigkeit und differenziert sich lebenslang weiter. Es unterscheidet sich von der Sprache und den hier anzutreffenden Strukturen unter anderem dadurch, dass es Formen der Beziehung begünstigt und herstellt, in denen die Ichgrenze überschritten wird. Diese Formen des Beziehung werden vor allem auch im Ritual angesteuert, das ja eine nicht unerhebliche Affinität zur Musik hat und weitgehend außerhalb der sprachlich-lexikalischen Semantik funktioniert (Durkheim 1912; Leikert 2010).

Was aber sind die Bestandstücke und welches ist die Funktionsweise dieser Semantik, die ja vollkommen anders funktioniert als die Sprache? Die Elemente sind im Begriff bereits angegeben: Zunächst gibt es die ästhetische Seite des Geschehens, in der Musik also die rhythmisch gegliederte Folge akustischer Ereignisse. Am Beispiel der Musik lässt sich nun auch der zweite Bestandteil des Begriffs veranschaulichen. Wenn eine musikalische Abfolge beginnt, so schwingt sich die vorwegnehmende Erwartung des Rezipienten auf eine musikalisch zu erwartende Weiterführung oder Wiederholung ein. Diese aktive Hinwendung des Erlebens kann nun mit dem eintreffenden sinnlichen Ereignis übereinstimmen. In dem Maße, wie sich Erwartung und eintreffendes Ereignis koordinieren, entsteht das Erleben von Kontakt und von Verschmelzung und Fusion. Die kinästhetische Semantik verlangt also vom Rezipienten, sich aus der rational-reflexiven Distanz hinauszubewegen und körperlich mit der eintreffenden flüchtigen Wahrnehmung zu verbinden.

Dieser Funktionsmodus ist aus dem präverbalen Dialog und der dort anzutreffenden Affektregulierung bestens bekannt (Trevarthen 2002). In der Regel betonen sie aber die Kompetenz und relative Autonomie des Babys (Stern 1985). Ohne Zweifel gibt es diese Vorformen psychischer Kompetenz. Aber sie dienen nur in Momenten der wirklich freien und autonomen Erforschung der Welt und in den meisten der Wiederherstellung der fusionellen Einheit mit der Mutter. Und auch im späteren Leben gilt ja keineswegs jede psychische Strebung der Autonomie. In der Ekstase der Sexualität, aber auch in der Ekstase der Mystik oder der Musik geht es ja gerade darum, die Getrenntheit niederzureißen und wieder eins zu sein.

Die Dualunion, von der Caruso spricht, ist ja kein Betriebsunfall, sondern ein in vielen Konstellationen des psychischen Lebens angestrebter Zustand des Erlebens. Ich betone auch ausdrücklich, dass ich diese Fähigkeit zur Hingabe an einen Partner oder an ein sublimiertes, aber gleichwohl sinnlich bleibendes Erlebnis in keiner Weise als Regression, also als ein Zurückweichen in Kindlichkeit, beschreibe, sondern als komplexes, erwachsenes Geschehen, das in vielen Fällen einen kreativen und progressiven Wechsel hin zu einer anderen Form der psychischen Organisiertheit, eben hin zur kinästhetischen Semantik bedeutet. Erwachsensein bedeutet in diesem Sinne nicht nur *klarer denken können*, im Sinne eines Zugewinns an psychischer Autonomie und Unabhängigkeit vom Kontext, sondern auch *tiefer lieben können*, im Sinne der Fähigkeit, sich dem Partner in der Sexualität, dem sinnlichen Kunstgenuss oder dem kreativen Prozess hingeben zu können. An dieser Stelle trete ich in einen Gegensatz zumindest zum größeren Teil der psychoanalytischen Tradition, die glaubt, der leidenschaftlichen sinnlichen Verbindung stets das Adjektiv des Regressiven verleihen zu müssen. So spricht Caruso etwa von der »regressiven Dualunion der Leidenschaft« (Caruso 1974, S. 85).

Diese Sichtweise betrifft das Wesen des Eros und erfordert von daher eine Anmerkung zu den Freud'schen Begriffen des Eros und des Todestriebs (Freud 1920a). Dazu ist zunächst zu sagen, dass die Lehre vom Todestrieb inkompatibel ist mit der vorher bestehenden Trieblehre. An keiner Stelle gibt Freud für den Todestrieb an, was für die Lebenstriebe gilt, nämlich eine somatische Quelle und eine zugeordnete erogene Zone (Freud 1905d). Die Diskussion abkürzend, schlage ich also vor, lieber von einer *Todestendenz* zu sprechen, also durchaus von einer Tendenz des psychischen Lebens, in Wiederholungsprozessen zu erstarren und zu einer zunehmenden Versteinerung zu gelangen, die man auch als »anorganisch« in dem Sinne bezeichnen kann, dass sie keinerlei Vitalität mehr zulässt. Dies gibt die Möglichkeit, alle Zustände der Versteinerung zu denken, ohne ihnen – was in der Tat schwierig wäre – eine irgendwie organische Sinnhaftigkeit zu unterlegen. Die Todestendenz wäre dann ein anderer Name für den Wiederholungszwang und könnte alle Formen abdecken, in denen sich das psychische Leben – aus welchen traumatischen Gründen auch immer – gegen sich selbst wendet.

Was aber ist mit dem Eros? Freud schlägt sich hier mit der Paradoxie herum, dass er den Eros einerseits im klaren Bezug auf Platon versteht, andererseits aber auch als Agenten einer Verjüngung durch Vitalisierung. Er bezieht sich auf Platons Mythos vom Kugelwesen. Diese Vorstellung geht davon aus, dass die Menschen zu Beginn zu zweien zusammengefügt und nur von den Göttern zerschnitten wurden, weil die Kugelwesen den Göttern zu mächtig waren. Es gibt jedoch ein Gedächtnis der Ureinheit und so sucht nun jeder in der Liebe sein anderes Stück. Um die Liebe zu beschreiben, lässt Platon nun Hephaistos, den Gott der Schmiede und des Feuers auftreten. Er schlägt den Liebenden vor, er könne sie »zusammenschmelzen und in eins zusammenschweißen, so daß ihr statt zweier einer seid und, so lange ihr lebt, beide zusammen als einer lebt, und wenn ihr gestorben seid, auch dort in der Unterwelt nicht zwei, sondern gemeinsam gestorben ein Toter seit« (Platon 1970, §16, 192e).

Freud anerkennt diese Tendenz zur Vereinigung, wundert sich aber darüber, dass mit einer solchen Verschmelzung, die ja die Aufhebung von Differenziertheit mit sich bringt, kein psychischer Tod verbunden ist, sondern eine Vitalisierung, und auch ein Umgang mit Differenzen. Freud prägt die Formel, dass der Eros »stets neue Vitaldifferenzen einführt, die dann abgelebt werden müssen« (Freud 1920a, S. 280). Gleichzeitig kann er diese Lust an der Differenz nicht schlüssig aus dem Wesen des Eros ableiten, da dieser, in der Freud'schen Sichtweise, allein auf die Wiedervereinigung zielt.

Vom Gesichtspunkt der Unterscheidung von kinästhetischer und lexikalischer Semantik lässt sich diese Paradoxie auflösen. Die Verschmelzung führt in der Tat zu einem Zusammenbruch der Subjekt-Objekt-Ordnung, der Unterscheidung von Selbst und Anderem. Aber das Resultat dieser Verschmelzung ist kein Verlust an Differenziertheit, sondern ein Wechsel der Organisationsmodalität weg von der reflexiven Ordnung der Sprache hin zur fusionellen Sprache der Sinnlichkeit z. B. der Musik, die in sich ja hoch artikuliert ist. Diesen Unterschied kann man erst dann darstellen, wenn man die beiden semantischen Strukturen unterscheidet.

Der Versuch, diesen Unterschied durch die Unterschiede der Trieborganisation zu erklären, wie Caruso es versucht, muss meines Erachtens nach fehlschlagen. Caruso analysiert die erotische Beziehung als orale psychische Organisation. Er zitiert Freud und schreibt: »Das Kind drückt die Objektbeziehung gern durch eine Identifizierung aus: ich bin das Objekt. Mutter: Brust. Die Brust ist ein Stück von mir, ich bin die Brust« (Freud 1938, S. 151).

Es entspricht einer gewissen Meisterschaft Carusos, dem Freud'schen Werk überhaupt ein Zitat entlockt zu haben, das diese primäre sinnliche Verschmelzung im Wahrnehmungsakt klar beschreibt. Ohne Zweifel sind wir hier auch in dem Bereich, den ich mit der kinästhetischen Semantik umschreibe. Der Unterschied beginnt jedoch bei der Einschätzung der Bedeutung der Brust für diese psychische Organisationsform. Ohne Zweifel ist die weibliche Brust ein besonders schönes sinnliches Objekt, aber, ohne sie in ihrer Bedeutung schmälern zu wollen: Sie ist auch in der Sexualität keineswegs das einzige Organ, das zum Einsatz kommt, und die sexuelle Leidenschaft ist auch bezüglich der anderen Organe sinnlich fusionell organisiert, d.h., es geht um die Koordination von sinnlicher Wahrnehmung und deren Koordination mit dem Empfinden des eigenen Erregungs- und Spannungszustands.

Für die Musik versagt die Brust-Metapher dann auch vollständig. Die Stimme ist das zentrale Objekt der Musik. Sie ist ein Objekt der sinnlichen Erfahrung, das rein zeitlich bereits vor der Stillbeziehung nachweisbar eine dominante Rolle für das Erleben spielt (Maiello 1999; Leikert 2007). Zwar fußt die Musik, die ja die Stimme sublimiert (Leikert 2009), bzw. die kinästetische Semantik auf den primären archaischen Modalitäten der psychischen Organisation. Es ist jedoch gerade eine erwachsene Kulturleistung, dieser Modalität einen Platz im Erwachsenenleben einzuräumen. Kurzum: Ich halte es für falsch, die kinästhetische Semantik an die orale Form der Trieborganisation zu binden, sondern halte sie für eine archaische, aber sublimierbare Sprache des Psychischen, die in vielfältigster Form mit Wahrnehmungsprozessen umgeht, und zwar unabhängig von der Frage, welcher Sinneskanal dominant für den jeweiligen Wahrnehmungsprozess ist.

Thanatophilie

Gehen wir von hier aus zurück zur Frage nach dem psychoanalytischen Verständnis von Leben und Tod, so können wir zu einer einfachen formalen Definition dieser Begriffe gelangen. Das Gefühl von Leben lässt sich finden und steigern, wenn eine optimale Koordination von kinetischer Binnenwahrnehmung und ästhetischer Außenwahrnehmung erreicht wird, wenn das Subjekt der kinästhetischen Erfahrung einen guten Zusammenhang zwischen der sinnlichen Umwelt und sich selbst erlebt. Die Paradoxie des Lebensgefühls besteht darin, dass es offenbar keine direkte Form der psychisch wirksamen Binnenwahrnehmung der eigenen Vitalität gibt, sondern dass diese – kompliziert, aber menschlich – die Schleife über die Außenwahrnehmung benötigt, um zu sich selbst zu kommen. Die grundsätzliche Verwiesenheit auf den anderen entsteht also keineswegs mit der Einführung der Sprache, sondern besteht von Anfang an.

Das Erleben des Todes ergibt sich bei einer Diskoordination dieser beiden Wahrnehmungsreihen. Immer dann, wenn die sinnliche Umwelt auf chaotische oder divergente Weise der Erwartung widerspricht, stockt psychisches Leben. Der Todestrieb oder, wie vorhin ausgeführt, die Todestendenz würde also bedeuten, dass der Wiederholungszwang so stark ist, dass keine flexible Koordination zwischen der momentanen sinnlichen Umwelt und der körperlich fundierten Selbstwahrnehmung mehr möglich ist, sodass ein autistischer Zustand resultiert. In diesem Fall kommt es zum Erleben einer depressiven oder psychotischen Versteinerung, zu Zuständen der Reifizierung oder des posttraumatischen Verlusts an vitaler Initiative.

In diesem Sinne können wir Freud widersprechen, wenn er sagt, im Unbewussten sei nichts vorhanden, »was unserem Begriff der Lebensvernichtung Inhalt geben kann« (Freud 1926d, S. 159), wir hätten über den Tod nur Fantasien, der Tod sei keine Erfahrung. Zweifellos hat er recht, wenn er sich hier auf den realen Tod bezieht. Den haben wir nicht erlebt. Aber Zustände innerer Leblosigkeit in unterschiedlichem Ausmaß kennen wir sehr wohl. Sie sind Teil unserer biografischen Erfahrung und setzen sich im Wiederholungszwang immer wieder im Erleben durch. Benedetti hat diese Phänomene unter dem auratischen Begriff *Todeslandschaften der Seele* beschrieben (1991). Im psychologischen Sinne bilden Leben und Tod also ein polares Kontinuum. Zwischen der katatonen Versteinerung und dem ekstatischen Gefühl der Verbundenheit gibt es keinen radikalen Bruch, sondern fließende Übergänge.

Was aber bedeutet dies für die Psychoanalyse der Musik bzw. für unser Thema Der Tod und das Mädchen? Wir halten jetzt den Schlüssel für dieses Bild in der Hand: Das Leben ist keine Selbstverständlichkeit. Wir existieren, aber wir leben nicht notwendigerweise. In uns persistieren Zustände des Verlustes von Lebensgefühl und wir bedürfen der Liebe und der Musik, um sie zu überwinden. Wir lieben die Musik, weil sie das Tote in uns liebt. Weil sie es vermag, Zustände von Schmerz,

Verzweiflung und dem Verlust des Lebensgefühls nachzubilden und dadurch in die sinnliche Kontinuität einzubinden, die wir benötigen, um uns lebendig zu fühlen.

Wenn Bollas (1987) vom Verwandlungsobjekt spricht und dies in die Nähe der ästhetischen Erfahrung rückt, können wir nun genauer sagen, wie das funktioniert: Es funktioniert in der Musik so, dass für die niemals sprachlich symbolisierten Zustände und »Stimmungen« (Bollas 1987, S. 111) eine ästhetische Zeitgestalt angeboten wird, die diese diskoordinierten Zustände kinetisch imitiert und in einem langen Prozess des Wiederholens und Variierens steigert und transformiert. Die intuitive Formel, die Musik sei die Liebe des Mädchens zum Tod, können wir jetzt strukturell nachzeichnen. Musik bietet die Möglichkeit, durch die berechenbare und harmonische Zeitlichkeit des sinnlichen Ereignisses, die verlorene Kontinuität zwischen innen und außen wieder zu restituieren. Sie erlaubt es dem Erleben, sich auf sie einzuschwingen und eine zunehmende Verschränkung und Resonanz zwischen der erlebten emotionalen Körperlichkeit und der musikalischen Form herzustellen. Der reine Eros der Musik besteht gerade darin, die Todeslandschaften der Seele in ihrem emotionalen Relief nachzubilden und dadurch aus ihrer autistischen Isolation zu befreien.

Und diese Todeslandschaften tragen wir mit einer gewissen Notwendigkeit alle in uns. Es gibt einen notwendigen Tod, den wir zu sterben haben, um uns in der Welt der geteilten Bedeutung einzurichten. Sobald wir die Sprache, d.h. die Welt der kulturell geteilten Bedeutung betreten – und wir haben keine Alternative zu diesem Schritt, wollen wir eine normale psychische Entwicklung und Autonomie ausbilden –, so müssen wir den Tod der sinnlichen Unmittelbarkeit auf uns nehmen. Der zerstückelte Orpheus ist die Metapher für diesen notwendigen Verlust. Dieser Verlust aber ist allgemein. Der Schrecken des Orpheus ist unser Schrecken. Dadurch erklären sich die Begriffe der ästhetischen Thanatologie oder, noch akzentuierter, der ästhetischen Thanatophilie. Musik erlaubt es dem Erleben, sich dem Schmerz des notwendigen Verlustes an Sinnlichkeit zuzuwenden und gerade aus der Kluft, gerade aus dem Tod der Verbundenheit einen prekären sinnlichen Genuss zu ziehen.

Natürlich gibt es auch die andere Musik. Die Musik, die das Leben und die Liebe feierte, die Musik ist auch ästhetische Erotophilie. Aber diese Musik gerät nicht selten in den Geruch eines schalen, maniformen Optimismus. Vielleicht ist es eine Geschmacksfrage, aber mir scheint die thanatophile Musik der Ethik des Ästhetischen mehr zu entsprechen, da sie das menschliche Dasein in seiner Tiefe auslotet.

Literatur

Benedetti, Gaetano (1991): Todeslandschaften der Seele: Psychopathologie, Psychodynamik und Psychotherapie der Schizophrenie. Göttingen (Vandenhoeck und Ruprecht).

Bollas, Christopher (1987): Der Schatten des Objekts. Das ungedachte Bekannte: Zur Psychoanalyse der frühen Entwicklung. Stuttgart (Klett-Cotta), 2005.

Caruso, Igor A. (1974): Die Trennung der Liebenden – Eine Phänomenologie des Todes. Wien (Turia + Kant), 2006.

Durkheim, Émile (1912): Die elementaren Formen des religiösen Lebens. Frankfurt a.M. (Insel-Verlag), 2007.

Freud, Sigmund (1905d): Drei Abhandlungen zur Sexualtheorie. GW V, S. 27–145.

Freud, Sigmund (1920a): Jenseits des Lustprinzips. GW XIII, S. 269–303.

Freud, Sigmund (1926d): Hemmung Symptom und Angst. GW XIV, S. 113–205.

Freud, Sigmund (1938): Aufzeichnung vom 12. Juli 1938. GW XVII, S. 151–152.

Guck-Nigrelli, Anja (2009): Warum die Primadonna meistens sterben muss – Überlegungen zum Wesen der Oper. In: Oberhoff, Bernd & Leikert, Sebastian (Hg.): Opernanalyse. Gießen (Psychosozial-Verlag).

Leikert, Sebastian (1996): Diskurs der Musik und Einschreibung des Vaternamens im Wohltemperierten Klavier von J.S. Bach. Psyche – Z Psychoanal 50, 218–243.

Leikert, Sebastian (2007): Die Stimme, Transformation und Insistenz des archaischen Objekts – Die kinetische Semantik. Psyche – Z Psychoanal 61(5), 463–492.

Leikert, Sebastian (2009): Stimme, Sublimation, Musik – Die kinetische Semantik und die ästhetische Theorie bei Freud und Lacan. Musik und Ästhetik 51, 117–128.

Leikert, Sebastian (2010): Die Funktion der Musik im Ritus – Ein psychoanalytischer Beitrag zur Ritualforschung. Musik und Ästhetik 56, 44–59.

Leikert, Sebastian (2011): Die kinästhetische Semantik – Der Wahrnehmungsakt und die ihm korrespondierende Form der psychischen Organisation. Psyche – Z Psychoanal 65(5), 409-438.

Maiello, Susan (1999): Das Klangobjekt. Über den pränatalen Ursprung auditiver Ge--dächtnisspuren. Psyche – Z Psychoanal 53(2), 137–157.

Oberhoff, Bernd & Leikert, Sebastian (2009): Opernanalyse. Musikpsychoanalytische Beiträge. Gießen (Psychosozial-Verlag).

Pessoa, Fernando (2008): Das Buch der Unruhe des Hilfsbuchhalters Bernardo Soares. Frankfurt a.M. (S. Fischer).

Platon (1970): Symposion. Sämtliche Werke Bd. 2. Hamburg (Rowohlt).

Stern, Daniel N. (1985): Die Lebenserfahrung des Säuglings. Stuttgart (Klett-Cotta), 2003.

Thoene, Helga (2003): Johann Sebastian Bach Ciaconna: Tanz oder Tombeau? Analytische Studie. Oschersleben (Ziethen-Verlag).

Trevarthen, Christopher (2002): Origins of musical identity: evidence from infancy for musical awareness. In: MacDonald, R.; Hargreaves, D. & Miell, D. (Hg.): Musical Identities. Oxford/New York (Oxford University Press), S. 21–40.

Das Mädchen und der Tod

Psychoanalytische Überlegungen zur Dialektik der Musik in Verdis *La Traviata*

Anja Guck-Nigrelli

Im folgenden Beitrag soll der Versuch unternommen werden, die Musik von Verdis *La Traviata* mit psychoanalytischen Mitteln zu erkunden. Die Oper als musikalische Gattung ist für ein solches Unterfangen besonders geeignet, da ihre Musik im Gegensatz zur absoluten Musik ans Wort gebunden ist und somit auch dessen Spuren in sich trägt. Dem Libretto der Traviata liegt die Dramatisierung des Romans *Die Kameliendame* von Alexandre Dumas dem Jüngeren zugrunde. Verdi wollte die Oper zunächst »Amore e morte«, Liebe und Tod, nennen (Drenger 1996), die damalige Zensur, bei der das Textbuch einzureichen war, hat dies allerdings verhindert. Die Gründe hierfür konnte ich nicht ausmachen, ich vermute jedoch, dass der Titel zu unspezifisch war – geht es in der Oper doch eigentlich immer um die Dialektik von Liebe und Tod. So wurde aus der Kameliendame die »Traviata«, die vom rechten Weg Abgekommene (Schreiber 2002). Neben ihrem Bezug zum Thema des Symposions »Der Tod und das Mädchen« bietet sich die Traviata aber auch aus weiteren Gründen als Untersuchungsgegenstand an: Sie weist sowohl von ihrer Handlung als auch von der musikalischen Umsetzung her eine klare Struktur auf, konzentriert sich auf die drei Hauptpersonen und lässt so Rückschlüsse auf das dramaturgische Konzept des Komponisten zu. Unter den 24 ernsten Opern Verdis ist sie die einzige, in der die Protagonistin eines natürlichen Todes stirbt, das Grausen angesichts der bei ihm sonst üblichen Morde oder Selbstmorde also erspart bleibt. Sie ist auch seine erste und einzige Oper, die einen zeitgenössischen

Stoff zum Sujet hat. Vielleicht haben diese beiden Faktoren zu der enormen Beliebtheit dieses Meisterwerks mit beigetragen, aber auch praktische Gründe dürften eine Rolle spielen – durch ihre eher kammermusikalische Orchestrierung und die Konzentration auf die Hauptfiguren ist die Traviata selbst von kleinen Opernhäusern besetzbar.

Ich möchte mit einer Inhaltsangabe (angelehnt an Fath 2000 und Wagner 2001) beginnen, mich dann kurz mit den Umarbeitungen des Stoffs zum Opernlibretto befassen, um nach einem Exkurs über die Bedeutung der vermittelnden Stimme zur Dialektik der Musik und den sich daraus ergebenden Schlussfolgerungen zu gelangen.

Auf die Bedeutung des brisanten und gesellschaftskritischen Stoffes mit einer jungen Kurtisane als Titelfigur soll bewusst nicht eingegangen werden, ebenso wenig auf die Biografie von Verdi, die gerade bezüglich der Parallelen zwischen der Titelfigur und Verdis Zusammenleben mit der Sängerin Giuseppina Strepponi – er heiratete sie erst 1859 (Fath 2000, S. 107) – einiges Material bietet.

1. Akt

Im ersten Akt empfängt die junge Kurtisane Violetta (Sopran) anlässlich ihrer vermeintlichen Genesung von der Schwindsucht in ihrem Salon die Pariser Lebewelt. Alfredo Germont (Tenor), der Violetta schon seit geraumer Zeit verehrt, wird ihr vorgestellt. Von ihr aufgefordert singt er ein Lied auf die Liebe, in das Violetta einstimmt. Nachdem Violetta die Gäste zum Tanz im Nebenraum aufgefordert hat, muss sie aufgrund eines Unwohlseins zurückbleiben. Alfredo bleibt bei ihr und gesteht ihr seine Liebe. Violetta weist ihn zunächst amüsiert zurück, gibt ihm dann aber zum Abschied eine Kamelie mit, die er zurückbringen soll, wenn sie verwelkt ist. Nachdem die Gäste das Haus verlassen haben, bleibt Violetta zurück und denkt über ihr sinnloses Leben und die Liebe nach.

2. Akt

Die erste Hälfte des zweiten Aktes spielt in einem Landhaus, in dem Violetta und Alfredo fernab der Pariser Gesellschaft ihr Glück leben.

Alfredo reist nach Paris, um Geld zu beschaffen, nachdem er von der Dienerin erfahren hat, dass Violetta ihren Besitz verkauft hat, um die Kosten des Haushaltes zu bestreiten. Alfredos Vater, Giorgio Germont (Bariton – ich nenne ihn im weiteren nur noch Germont), taucht auf. Er verlangt von Violetta, auf die Beziehung zu seinem Sohn zu verzichten: Alfredos Schwester stehe kurz vor der Heirat und er wolle verhindern, dass deren Zukünftiger wegen Alfredos schlechten Rufes von der Verlobung zurücktrete. Violetta weigert sich zunächst, willigt aber nach schmerzvollem Ringen doch ein, als Germont ihr klar macht, dass sie mit ihrer Vergangenheit auch Alfredo schaden wird. Germont ist tief beeindruckt von Violettas Liebe. Sie lässt sich von ihm zum Abschied »als Tochter« umarmen. Danach schreibt sie einen Abschiedsbrief an Alfredo, in dem sie vorgibt, ihn nicht mehr zu lieben. Dieser kehrt gerade zurück und reagiert eifersüchtig, als sie den Brief vor ihm versteckt. Er ist besorgt, weil sein Vater sich brieflich bei ihm angekündigt hat. Violetta legt Alfredo nahe, dem Vater besser alleine zu begegnen, und entfernt sich unter Beteuerung ihrer Liebe. Heimlich bricht sie nach Paris auf. Alfredo erhält über einen Boten Violettas Abschiedsbrief und ist erschüttert. Sein im selben Moment eintreffender Vater kann ihn nicht bewegen, mit ihm in die heimatliche Provence zurückzukehren. Alfredo hingegen entdeckt auf dem Tisch eine Einladung von Violettas Freundin Flora nach Paris und reist in tiefem Aufruhr Violetta nach.

Die zweite Hälfte des Aktes spielt im Pariser Salon von Flora, die dort ein Maskenfest mit Zigeunern und Stierkämpfern veranstaltet. Alfredo erscheint und begibt sich an den Spieltisch, kurz darauf taucht Violetta am Arm ihres früheren Gönners Baron Douphol auf. Die beiden Männer spielen gegeneinander, Alfredo gewinnt. In einem kurzen Moment, in dem Violetta mit Alfredo alleine ist, fordert sie ihn auf, das Fest zu verlassen, da sie einen Eklat zwischen ihm und Douphol fürchtet. Alfredo beschwört sie, zurückzukehren, Violetta gibt vor, den Baron zu lieben. Völlig außer sich ruft Alfredo die Anwesenden zusammen, um vor der versammelten Gesellschaft Violetta das gewonnene Geld vor die Füße zu schleudern, als Bezahlung für ihre Liebesdienste. Alle sind entsetzt. Violetta wird ohnmächtig. In diesem Moment taucht Germont auf und weist seinen Sohn zurecht – dieser bereut zwar, hat sich aber ein Duell mit Douphol eingehandelt.

3. Akt

Die schwer kranke Violetta ruht auf ihrem Bett in ihrem Schlafgemach. Der Arzt deutet ihrer Zofe Annina an, dass es zu Ende geht. Draußen ist Karneval und Violetta schickt ihre Zofe auf die Straße, um ihr restliches Geld unter den Armen zu verteilen. Nunmehr allein, liest sie einen Brief von Germont, in dem er ihr mitteilt, dass Alfredo und Douphol das Duell überlebt haben, dass er Alfredo über Violettas Opfer aufgeklärt hat und dieser nun zurückkehren wolle. Zu spät, konstatiert sie – mit ihrer letzten Arie nimmt sie Abschied vom Leben. Dann überstürzen sich die Ereignisse, Alfredo kommt, die beiden fallen sich in die Arme und träumen nochmals von einem besseren Leben, schließlich treffen Annina mit dem Arzt und Germont ein. Violetta stirbt.

Vom Wort zur Musik

Als Komponist, der fast ausschließlich Opern komponierte und damit vom Gedanken des Gesangs geleitet war, hatte Verdi klare Vorstellungen hinsichtlich seiner Sujets und Textvorlagen. Im Mai 1852 hatte er mit dem *Teatro La Fenice* einen Vertrag für die Komposition einer neuen Oper für die Karnevalssaison abgeschlossen (Wagner 2001). Für den Traviata-Stoff entschied er sich erst im September 1852 (Schweikert 2009) und ließ sich dann im Oktober innerhalb von fünf Tagen von seinem Librettisten Piave ein umfassendes Prosalibretto verfassen. Anfang Dezember lag das fertige Textbuch vor. Mit der Komposition scheint Verdi erst Ende Januar begonnen zu haben, die Orchestrierung erfolgte in Venedig während der Probenzeit ab Februar, die Uraufführung fand am 6. März 1853 statt.

Im Gegensatz zu Dumas' Drama (1852) zentrieren Verdi und Piave die Handlung ganz auf die Dreieckskonstellation Violetta–Alfredo–Germont, eliminieren den Akt, in dem die Liebesbeziehung geschildert wird, und lassen den Vater am Ende des zweiten wie auch des dritten Aktes auf der Bühne erscheinen. So ändern sie die Perspektive weg vom sozialen Panorama (auch wenn der Stoff dennoch ein hoch sozialkritischer bleibt) und der erfüllten Liebesgeschichte hin zum inneren Konflikt von Violetta.

Letztlich ergibt sich – einer Psychodynamik gleich – eine Handlungslinie, die von Beginn an im Bild der tödlichen Erkrankung ein starkes Gefälle hin zur Trennung vom Leben mit sich führt. Der dramatische Konflikt zwischen dem Wunsch nach Erfüllung einer echten Liebe und deren Unmöglichkeit verleiht diesem Gefälle Präsenz.

Dies scheinen auf einen ersten Blick wesentliche Umgestaltungen zu sein, um den Stoff zu veropern und damit den Weg für die Exposition der Gesangsstimme zu ebnen. Warum nun aber bietet sich für die musikalische Darstellung einer auf eine Trennung hinauslaufenden Liebesgeschichte gerade die Gesangsstimme an? Um dies zu beantworten, ist zunächst ein kurzer Exkurs auf die Entwicklungsgeschichte der Stimme notwendig.

Die Entwicklungsgeschichte der Stimme und ihre Bedeutung

Die Entwicklung von Stimme und Sprache des Subjekts ist nicht ohne die mütterliche Stimme und Sprache denkbar. Am Anfang des Lebens steht der Schrei. Obwohl physiologisch notwendig, ist er doch vor allem ein Schrei nach einem Gegenüber, das die durch die Geburt erfahrene Trennung, das In-die-Welt-geworfen-Sein auffängt und aufnimmt. Die liebende Mutter wird darauf intuitiv mit einer Beruhigung durch ihre Stimme antworten, die exspiratorisch durch Schreien ausgeschiedenen unerträglichen Emotionen aufnehmen und dem Baby die vermuteten Affekte in verdaulicher Weise mit beruhigender Stimme spiegeln. Vermittelt durch Affektabstimmung, können so aus den Affekten, die als körperliche Reaktionen und deren Erleben ohne bewusste Repräsentanz zu verstehen sind, im Verlauf eines kontinuierlichen emotionalen Austauschprozesses bewusst wahrgenommene Gefühle (Krause 1997) werden. Das Schreien wird weiterhin der Vermittlung heftiger Affekte dienen, die ursprünglich zugrunde liegende namenlose Angst wird aber mit der zunehmenden Gewissheit, erhört zu werden, blasser. In den stimmlich-sprachlichen Äußerungen der Mutter kann das Kind immer wieder zur Beruhigung finden, sei es durch ein gesungenes Wiegenlied oder andere Formen des vokalen Stillens, des tröstenden Haltens und Umhüllens mit Lauten (Pelikan 2004). Mit der Lallphase beginnt

dann das erste Spiel mit den Lauten, die musikalischen Elemente des stimmlichen Austauschs dienen nun auch der Belebung, Erregung und Neugier. Bereits das späte Lallen und erste Worte, später auch komplexere Gebilde wie hoch besetzte Rhythmen oder Melodien können als Übergangsobjekt fungieren, wobei sich das Kind der Getrenntheit von der Mutter bewusst ist, aber gleichzeitig durch das Übergangsobjekt eine Verbindung zur guten mütterlichen Funktion herstellt. Schließlich kommt es zur inneren Konsolidierung der Objekt- und Beziehungsrepräsentanzen, zur sog. Objektpermanenz und der Fähigkeit zur Symbolisierung. Mit zunehmender Ablösung von der Mutter und Erkenntnis der Getrenntheit werden Stimme und Sprache nun zum Ausdruck der Subjektivität des Einzelnen, wobei die Sprache die Differenz zwischen Kind und Mutter, zwischen dem Einzelnen und der Gesellschaft zugleich überbrückt, aber eben auch enthält (Pelikan 2004).
Das im Verlauf der Entwicklung eingeschriebene Skript der Stimme verläuft also ausgehend von der Überwindung der Trennung durch die Geburt, gewissermaßen den Brückenschlag über die namenlose Angst in sich tragend, über die Internalisierung der beruhigenden und tragenden Funktion der mütterlichen Stimme sowie deren Aneignung über das Übergangsobjekt, das den spielerischen und kreativen Umgang mit An- und Abwesenheit ermöglicht, bis hin zum eigenen Singen und Sprechen eines zur Getrenntheit fähigen Subjekts.

Aber nicht nur aufgrund ihrer eingeschriebenen haltenden Funktion bietet sich die Stimme zur Vermittlung des Anliegens eines Opernkomponisten an.

Wie kein anderes Instrument ist die ausgebildete Gesangsstimme aufgrund ihrer besonderen Eigenschaften wie ihrer enormen Tragfähigkeit, ihres Obertonreichtums, der Leuchtkraft, des metallischen Glanzes, des Vibratos, ihres vor allem in Richtung Höhe größeren Tonumfangs von zwei bis zweieinhalb Oktaven und ihrer erweiterten Dynamik in der Lage, mit ihrem puren Material Affekte in augmentierter Form darzustellen und diese über ein Orchester hinweg dem Zuhörer leibhaftig zu vermitteln (Guck-Nigrelli 2009). Angesichts dieser enormen Fähigkeit der Sängerstimme, sich Gehör zu verschaffen, nimmt es nicht wunder, dass Racker (1965) das Singen als sublimiertes Schreien bezeichnet – hier wird Freuds Aussage, »daß der Lärm des Lebens meist vom Eros ausgeht. Und vom Kampf gegen den Eros« (Freud 1923), auch körperlich nachfühlbar.

Und so wie der Geburtsschrei nach einem Gegenüber verlangt, ruft auch der kultivierte Schrei des Opernsängers nach einem hörenden Publikum. Während der Aufführung kann sich im Opernhaus – verstärkt durch das Gefälle zwischen dem exponierten Sänger und dem im Dunkeln still sitzenden und damit zur Reverie eingeladenen Publikum – ein emotionaler Austauschprozess entwickeln (Guck-Nigrelli 2009), in dem der Appell der Gesangsstimme aufgenommen und durch affektive Teilnahme verarbeitet wird, sodass auch die Ausführenden diesen Kontakt verspüren. Im günstigen Fall wird im Zuhörer das Skript seiner eigenen Stimmentwicklung in Schwingung versetzt, sodass er – im Sinne einer regressiven Bewegung – mit eigenen frühen Erlebensformen in Kontakt kommen kann, bis hin zur Sehnsucht nach der mütterlichen Stimme (im Sinne des Klangobjekts von Maiello, 1999). Auch er kann von der Stimme beruhigt, umhüllt, gewärmt, getröstet und belebt werden und kann die Gesangsstimme durch deren Präsenz intensiv körperlich erleben – über Gefühle des Berührtseins mit intensivem Hauterleben und verschiedenartigen Resonanzgefühlen im ganzen Körper bis hin zu vegetativen Reaktionen.

Insgesamt ergibt sich aus dem bisher Beschriebenen, dass das frühe Erleben von Stimme und Sprache als Beziehungswissen mit all den dazugehörigen Bewegungs- und Verhaltensmustern und den gleichzeitig erlebten Affekten als unbewusste Spur erhalten bleibt. Es bildet den affektiven, unserem Bewusstsein aber nicht zugänglichen Kern der Persönlichkeit mit und beeinflusst unser Verhalten und unsere Stimmungen. Daraus wird verständlich, dass Musik, die ja als Mimesis der Stimme gilt, so subjektiv erlebt wird, rührt sie doch bei jedem an seine ureigene Matrix.

In den nun folgenden Ausführungen zur Musik soll möglichst objektiv berichtet werden, zwangsläufig muss ich dabei aber in der Wahl der Musikbeispiele auch von meinem eigenen Erleben ausgehen – insofern mag es sein, dass meine Auswahl nicht auf die Zustimmung jedes Lesers stoßen wird. Ich konzentriere mich dabei auf die Spuren der Liebe und des Todes des »Mädchens«, die auch bei einem ersten Hören dieser Musik auffindbar sein dürften. Auf musikalische Parameter wie Melodik, Harmonik, Rhythmik und Instrumentation werde ich dabei nicht eingehen – es handelt sich also um einen oberflächlichen Zugang.

Die Dialektik von Liebe und Tod in der Musik

Das Vorspiel (Abb. 1) beginnt im dreifachen Piano mit einem ätherisch, zart, überirdisch und gleichzeitig durch die Enge der Tonschritte der Melodie fahl und beklemmend anmutenden Streichersatz von einer wunderbaren, traurigen Schönheit und Intimität. Es hat eine klare, durch eine Generalpause markierte Zweiteilung, wobei die erste Hälfte musikimmanent die Ahnung um die tödliche Erkrankung vermittelt, illustriert durch Pausen und die sukzessiv abnehmende Dauer der Phrasen von vier zu drei bzw. zwei Takten, um dann in schmerzerfüllte, kurzatmige Seufzermotive überzugehen. In der zweiten Hälfte erfolgt eine Beruhigung durch einen gleichmäßigen Begleitrhythmus, der wie ein Walzer im Zauderrhythmus anmutet. Darüber spannt sich eine sehnsüchtige, in den Septraum abfallende, sich wiederholende Melodie auf, die Trost und Erleichterung verspricht. Ich nenne diese Melodie in der Folge Violettas Liebesmelodie (Frank 2004).

Der Vorhang geht auf und wir hören ein buntes Treiben heiterer, von Tanzrhythmen durchsetzter Musik. Im auf die Liebe angestimmten Trinklied wird die Liebe in Text und Musik als etwas Rauschhaftes, Flüchtiges beschrieben, das es zu genießen gilt.

Der Tod ist im ersten Akt musikalisch kaum aufspürbar – der vorherrschende Walzerrhythmus wird durch das kurze Unwohlsein Violettas nicht unterbrochen, wenn sie auch etwas stockend und kurzatmig singt. Allerdings wird diese Musik von der »Banda« hinter der Bühne gespielt und verstärkt so den Eindruck eines Ausgeschlossenseins.

Die nun von Alfredo vorgetragene Liebesmelodie erinnert zwar an die Liebesmelodie des Vorspiels, umfasst aber den Raum einer ganzen absteigenden Oktave und wirkt auch durch ihre Punktierung etwas weniger resignativ. Als Violetta schließlich alleine zurückbleibt, zitiert sie, nachdem der Gedanke einer erstmals echten gegenseitigen (»esser amata amando«), nicht käuflichen Liebe musikalisch wie ein Aufschrei durch sie gefahren ist, in ihrer großen Arie in derselben Tonart exakt dieselbe Melodie und denselben Text (Abb. 2).

Abb. 1: Vorspiel (Klavierauszug S. 5)[1]

1 Der Beitrag war als Vortrag mit Musikbeispielen (CD) konzipiert. Die Angaben unter den Abbildungen beziehen sich auf den deutschen Klavierauszug (Edition Peters).

Abb. 2: 1. Akt, 5. Szene, Nr. 6 (»A quell'amor …«), S. 62

Die Aussicht auf eine solche Liebe schüttelt sie dann aber als Torheit ab. In der folgenden Arie, mit der sie sich zur Freiheit bekennt, produziert sie auftrumpfend schmissige Melodien, durchsetzt von Koloraturen, Staccati und schnellen Läufen. Diese Stilmittel lassen sich als Abwehr verstehen, sich auf die Liebe einzulassen, zumal diese als »croce e delizia al cor«, Kreuz und Freude fürs Herz, beschrieben wird. Nach der ersten Strophe singt Alfredo aus dem Hintergrund, als Stimme aus dem Off, seine Liebesmelodie. Dies bringt Violetta kurz aus dem Konzept, um sie dann mit erneut ausholender Koloratur eine zweite identische Strophe ansetzen zu lassen, die nun aber durchsetzt ist von Einwürfen Alfredos abgekürzter Liebesmelodie. Da diese vier Einwürfe musikalisch identisch sind, muten sie wie ein Ohrwurm an. Nun wird es musikalisch unüberhörbar, dass Violettas Abwehr Alfredos Liebe gegenüber brüchig geworden ist. Auch für den Zuhörer ist nun Alfredos Liebesmelodie zum Bedeutungsträger geworden.

In den folgenden beiden Akten begegnet uns Violetta als liebende Frau, die unter dem »Kreuz« ihrer Liebe leiden muss. Ihre Gesangslinie ist durch großbogige, oft nur in kleinen Tonschritten vorangehende Melodien gekennzeichnet – gleich einem Fließen der Liebe, das durch die schwindende Kraft aufgrund der Erkrankung gefährdet ist. Große Tonschritte oder gar Koloraturen haben nun keinen Platz mehr. Darüber hinaus ist die lange Auseinandersetzung mit Germont von mehreren Generalpausen durchsetzt. Alfredos Liebesmelodie taucht während dieses Duetts in der Musik noch einmal auf, bruchstückhaft und flüchtig angedeutet in Moll, unmittelbar bevor Violetta sich entschließt, ihre Liebe zu opfern (Frank 2004).

Kurz vor ihrem heimlichen Aufbruch nach Paris hören wir in einem heftigen, sich sukzessive anbahnenden Ausbruch Violettas ihre Liebesmelodie aus dem Vorspiel wieder – allerdings in augmentierter Form. Diese Stelle, die für Violettas Verzicht auf den Vollzug ihrer Liebe und somit für die äußere Trennung steht, ist insofern höchst bewegend, als hier die innere Verzweiflung mit den Worten kontrastiert und der schließlich durchbrechende, beschwörende Appell an Alfredo, sie ebenso zu lieben, wie sie ihn liebt, fast zum Schrei wird (Abb. 3). Verdi illustriert damit in subtiler Weise, wie selbst Violetta um den Verlust ihres eigenen Glaubens an die Liebe ringt. Dabei gerät auch die Sängerin in große Gefahr, ihre Stimmfassung zu verlieren, zumal die Szene von einem musikalischen Ausdruck begleitet ist, der die innere Aufregung und Angst höchst leibnah vermittelt (Herzrasen im *Allegro assai mosso*). Dies ist auch eine Stelle, die oft Gänsehaut auslöst – das Anspringen dieses archaischen Körperreflexes scheint mir ebenfalls auf ein überwältigendes Erleben hinzuweisen, angesichts der drohenden Vernichtung, falls Alfredos Liebe für immer verloren geht.

Abb. 3: 2. Akt, 6. Szene, Nr. 9 (S. 112)

Etwas näher will ich nun auf das Ensemble am Ende des zweiten Aktes (Nr. 15, Oktett mit Chor) eingehen. Dies ist die erste Stelle, an der Verdi, von Dumas' Schauspiel abweichend, den Vater eingeführt hat. Psychodynamisch verstanden ist diese Szene der Moment der größten Vernichtungsgefahr. Violetta wird wieder zur Kurtisane, hat ein Duell verursacht und Alfredos Liebe ist in Hass umgeschlagen. Durch Germonts Auftritt und das in seiner Person verkörperte Auftauchen der Reue kommt auch Alfredo wieder zur Besinnung, die Beziehung kann so vor dem drohenden Untergang bewahrt werden. Violettas seelischer Tod ist somit abgewendet.

Die musikalische Ausgestaltung dieser Szene ist psychologisch höchst differenziert. Die aus ihrer Ohnmacht erwachende Violetta leitet das Ensemble ein mit einer elegischen, dann immer mehr Fahrt aufnehmenden, schließlich schmerzvoll großbogig aufsteigenden und dann wiederum zur Sept abfallenden, entfernt an ihre Liebesmelodie erinnernden Melodie, wobei sie von ihrer Liebe zu Alfredo singt, die selbst im Tod nicht sterben wird (Abb. 4). Alfredo, anfangs noch erschüttert seine Reue stammelnd, stimmt in Violettas Melodie mit ein – das Paar hat also innerlich wieder zusammengefunden. Germont, geplagt von Reue, oktaviert zeitweise Alfredos Melodie, also auch Vater und Sohn haben sich wiedergefunden. Fast alle anderen Singstimmen sind keine Melodie-, sondern Begleitrhythmusträger. Stellvertretend sei hier der von Staccati durchsetzte Gesangspart Douphols genannt, der mit Verurteilung und Rachegedanken beschäftigt ist, als Ausdruck der Erregung und fragmentierender Hassgefühle. Kurzum: Musikalisch illustriert die Szene einen Moment tiefster Verzweiflung und heftigster unterschiedlicher Gefühle im Kampf um das Überleben, der durch die alles, selbst die Stimmgewalt der üblicherweise an die 60 auf der Bühne stehenden Sänger, übertönende Sopranstimme eingeleitet, dann zunehmend verbunden, mehrfach wiederholt und schließlich in der gemeinsamen Schlusskadenz quasi mit aller Gewalt zusammengehalten, contained wird. Auffallend ist dabei der ostinate triolische und dadurch walzerartig imponierende Begleitrhythmus, der einer zwanghaften Abwehr gleich das Ganze synchronisiert und die drohende Katastrophe zu verhindern sucht – gleichsam als würden die zentrifugalen, auf den Tod zu tanzenden Kräfte und die zentripetalen, das Liebesobjekt durch einen Wiegerhythmus schützenden Kräfte miteinander im Kampf verschränkt sein.

Diese Stelle mag als Beispiel für die von Verdi-Kritikern betitelte »Leierkastenmusik« gelten. Lässt man sich aber tiefer darauf ein, wird man merken, dass es hier um eine subtile Auseinandersetzung mit einer tödlichen Bedrohung geht. Die starke Rhythmisierung angesichts katastrophischer Bedrohungen und das gleichzeitige Cointainment durch die Sopranstimme halte ich übrigens für ein Charakteristikum des Verdi-Ensembles – so ist der beschriebene Dreierrhythmus z. B. auch im Macbeth-Ensemble (Ende 2. Akt) zu finden und sicherlich einer weiteren Untersuchung wert.

Abb. 4: 2. Akt, 12. Szene, Nr. 15, S. 182f.

Zu Beginn des dritten Aktes erklingen unverändert, jedoch einen Halbton höher die ersten sieben Takte des Vorspiels, die sich dann in einer schmerzlichen, diese Stimmung weiterzeichnenden Melodie fortsetzen. Nach einem kurzen Wortwechsel der schwerkranken Violetta mit ihrer Zofe erklingen erneut und unverändert die ersten vier Takte, wenige Takte später die weiteren drei Takte der Phrase, schließlich nach dem Besuch des Arztes nochmals die ersten vier Takte. Die bekannte Melodie symbolisiert jetzt die tödliche Erkrankung, durch die identische Wiederholung wird der Verlust von Entwicklung vermittelt und durch das Auseinander- und Wegbrechen ihrer Bestandteile der nahende Tod.

Die Wiederholung impliziert aber auch eine Klammer um das bisherige Geschehen, das sich nun als tagträumender Rückblick im Zeitraffer verstehen lässt. Das anstehende Sterben nimmt somit quasi Echtzeitcharakter an.

Zweimal noch begegnet uns Alfredos Liebesmelodie. Während Violetta den Brief von Germont liest, ertönt sie von einer Solovioline, getragen von leisen Tremoli anderer Streicher. Diese Stelle ist insofern bemerkenswert, als Verdi die Sängerin hier nicht singen, sondern sprechen lässt. Der sublimierte Schrei nach dem Liebesobjekt ist dem Sprechen gewichen, die Abwesenheit des Liebesobjekts hat sich hier in einen musikalischen Gedanken umgesetzt – das Liebesobjekt kann symbolisiert werden. Mit dem Aufschrei »è tardi«, gesprochen auf einen schneidenden verminderten Septakkord, kündigt sich gleich einer Totenglocke ihre letzte Arie an. Dass Violetta wieder den Gesang aufnimmt, lässt sich als letztes Aufbäumen des Eros verstehen, noch besteht Hoffnung auf ein Wiedersehen. Das unmittelbar nach der Arie, hinter der Bühne einsetzende fragmentartige Bacchanal der feiernden Karnevalsgesellschaft vermittelt das Ausgeschlossensein, der soziale Tod ist bereits erfolgt. Gleichzeitig hat es auch Totentanzcharakter.

In der letzten Szene, unterlegt von einer vom gesamten Orchester im dreifachen Piano gespielten düsteren Trauermarschmusik, die unschwer als Erschauern und Zittern auszumachen ist, übergibt Violetta dem sich bis zuletzt gegen das Schicksal wehrenden Alfredo, begleitet von einer wiegenliedähnlichen Melodie, ihr Bild zur Weitergabe an seine zukünftige Frau. Mit dieser Übergabe, die sich als eine letzte Projektion verstehen lässt, gibt sie ihn frei und sichert gleichzeitig das Überleben ihrer Liebe in ihm und in der nächsten Generation. Letztmals erklingt Alfredos Liebesmelodie, nun im sphärischen, an das Vorspiel erinnernden Klang der geteilten Violinen (Abb. 5). Dass die Liebesmelodie in immer höhere Tonarten aufsteigt, mag ein weiterer Hinweis auf den Abschied, das »Ad-dio« zu Gott sein. Violetta fühlt das Leben wiederkommen, »visionär sprechend« zu dem sich dann in die Höhe verlierenden Thema, um erst wieder bei dessen Abbrechen ein letztes Mal mit der vollen Gesangsstimme einzusetzen und im hohen letzten Ton auf die Worte »o gioia« (o Freude) sterbend diesem Motiv gleichsam hinterherzueilen. Die sofort schroff einsetzende Schlusskadenz unterstreicht das tragische Ende und die Erschütterung der Hinterbliebenen.

Schlussfolgerungen

Ich fasse nochmals zusammen. Ausgehend von der im Vorspiel erklingenden, als unverbundene Teile dargestellten Ahnung von Tod und

Abb. 5: 3. Akt, Schlussszene, Nr. 19 (»... ascolta amato Alfredo. Prendi ... quest' è l'immagine de miei passati giorni ...«), S. 231f.

Liebe wird im ersten Akt die Liebe von Alfredo benannt und schließlich von Violetta nach Überwindung ihrer Abwehr mittels Resonanz aufgenommen. Im zweiten Akt erleben wir die schmerzhafte äußere Trennung vom Liebesobjekt und das angsterfüllte Ringen um dessen inneres Überleben bis hin zur Vernichtungsangst angesichts des drohenden inneren Todes von Alfredos Liebe. Im dritten Akt hat die Todesahnung Gewissheit angenommen, das Liebesobjekt ist nun aber sicher verankert und kann symbolisiert werden. Die Trennung kann durch die innere Repräsentanz des Liebesobjektes besser ertragen werden. Was ich soeben beschrieben habe, ist in groben Zügen der Prozess der Internalisierung eines Liebesobjekts. Im Rückblick auf meine Anfangserläuterungen könnte man sagen, das im Verlauf der Entwicklung eingeschriebene Skript der Stimme hat sich in der Dialektik von Liebe und Tod auch im musikalischen Verlauf der Oper entfaltet.

Im Nachhinein erhebt sich allerdings doch noch die Frage, warum Verdi den Vater auch am Schluss auftreten lässt. Hat dieser anfangs die Liebe der beiden untersagt, so wird er am Schluss erstmals Zeuge des liebenden Paars. Folgt man einer von mir an anderer Stelle beschriebenen Logik (Guck-Nigrelli 2009), dass in der Oper auf einer unbewussten Linie die hohen Stimmen für die frühen Objekte und die tieferen Stimmen für die späteren Objekte stehen – also die Primadonna für die frühe Mutter bzw. der Bariton für den Sohn steht –, ist hier eine klassische ödipale Konstellation zu entdecken. So würde es also bei Germonts Schlussauftritt unbewusst um eine Anerkennung des Elternpaares und den gleichzeitigen Abschied von der Mutter gehen. Auf dieser Linie ließe sich dann auch seine als »rein wie ein Engel« beschriebene, heiratende Tochter als Aspekt eines in Heilige und Hure, reines und leichtes Mädchen gespaltenen Mutterbildes interpretieren, das in der Auseinandersetzung mit Violetta allmählich zu einem Gesamtbild heranreift.

Meine Interpretation hat sich an Verdis Dramaturgie und damit am musikalisch motivierten Sekundärprozess orientiert, um schließlich – ausgehend von der Berührung beim Hören – den musikalischen Spuren von Liebe und Tod zu folgen. Verdi erweist sich dabei als subtiler Tiefenpsychologe, der zusammen mit Piave in seiner vom musikalischen Gedanken geleiteten dramaturgischen Umgestaltung des Librettos dem zerstörenden Vater und auch Alfredo das Wiedererlangen der depressiven Position ermöglicht, also des Bedürfnisses, das beschädigte geliebte Objekt wiederherzustellen und zu beschützen. Damit bahnt er den Weg für seine musikalische Auslegung des Themas Liebe und Tod als schmerzvollen Internalisierungsprozess, durch den letztlich in Liebe der Tod angenommen werden kann. Die Liebe ist dabei der Musik zugeordnet, in Form von Melodien oder – ganz vereinfacht – in Form von Anwesenheit, der Tod äußert sich allenfalls erahnbar in Angstäquivalenten, als Unterbrecher der Anwesenheit oder in Form von Abwesenheit.

Was aber bedeutet dieser Befund? Ich meine, dass in diesem Internalisierungsprozess die Spur zum Wesen der Musik durchscheint – aus der internalisierten Stimme des Liebesobjektes wird ein musikalisches Abbild. Die Weiterverfolgung dieser Spur wäre allerdings Gegenstand einer tiefer gehenden Untersuchung. Leikert nähert sich auf anderem Wege, nämlich über seine differenzierten Analysen zum Orpheusmythos der inneren Struktur des Musikerlebens an und gelangt so zu ganz ähnlichen Schlussfolgerungen: »Die Musik [...] steuert den primären Objektverlust an und gibt ihm eine symbolische Form, die es erlaubt, ihn zu genießen. Damit leistet sie eine Vorbereitung für eine wirkliche Internalisierung des Objekts« (Leikert 2005, S. 61).

Wie in meinen eingangs erwähnten Gedanken zur Stimme bereits angedeutet, sind meine Überlegungen zur Dialektik der Musik damit jedoch noch nicht ganz abgeschlossen, da ich bisher den Zuhörer außer Acht gelassen habe. Denn die musikalisch vermittelte Dialektik zwischen Liebe und Tod entfaltet sich auch im Zuhörer. Auch er gerät in Resonanz und erlebt auf einer bewussten progressiven Linie den musikalischen Ablauf, den ich soeben beschrieben habe. Auf einer unbewussten Ebene kommt er durch die Präsenz der Gesangsstimme und der Musik mit seiner eigenen Stimmgeschichte und dem dazugehörigen Erleben in Kontakt – dies wäre eine gleichzeitig ablaufende, gewissermaßen entlang der Gesangsstimme oszillierende regressive Linie, an deren Endpunkt der Geburtsschrei steht. Und auch hier kann sich im Verlauf der Oper ein Prozess entwickeln, in dem die ergreifende Präsenz der Sängerstimme die Spur der ersten Liebe und damit die Erfahrung einer basalen Annahme in Schwingung versetzt. Diese Auffrischung der Spur des frühen Objekts (im Sinne einer idealisierten frühen Mutter) kann sehr beglückend sein und ist oft mit dem Gefühl einer tiefen Dankbarkeit verbunden.

Gleichzeitig wird aber schmerzlich erkannt, dass das erste Liebesobjekt für immer verloren ist. So spannt sich die Dialektik der Musik nicht nur zwischen Liebe und Tod auf der Bühne auf, sondern auch zwischen dem bewussten Endpunkt des Todes und dem unbewussten Endpunkt des primären Verlusts der frühen Dyade. In der Verschlingung von Tod und Geburt kann es zu einer Vergegenwärtigung dieses Verlusts und zu einer Wiederauffrischung der Internalisierung kommen. Der Gesang als Re-Präsentant dieser frühen Liebe und dieses Risses wird so zu einem Dritten, das die Dialektik vermittelt.

Literatur

Dumas, Alexandre (1852): Die Kameliendame, Schauspiel in fünf Akten. Stuttgart (Reclam), 1974.

Drenger, Tino (1996): Liebe und Tod in Verdis Musikdramatik. Hamburg (Wagner).

Fath, Rolf (2000): Reclams Kleiner Verdi-Opernführer. Stuttgart (Reclam).

Frank, Thomas (2004): Die Wiederkehr musikalischer Motive in der Oper »La Traviata«. www.grin.com.

Freud, Sigmund (1923): Das Ich und das Es. GW XIII.

Guck-Nigrelli, Anja (2009): Warum die Primadonna meistens sterben muss. In: Oberhoff, B. & Leikert S. (Hg.): Opernanalyse. Musikpsychoanalytische Beiträge. Gießen (Psychosozial-Verlag), S. 11–28.

Krause, Rainer (1997): Allgemeine psychoanalytische Krankheitslehre, Bd.1. Stuttgart (Kohlhammer).

Leikert, Sebastian (2005): Die vergessene Kunst. Der Orpheusmythos und die Psychoanalyse der Musik. Gießen (Psychosozial-Verlag), S. 45–62.

Maiello, Susanna (1999): Das Klangobjekt. Über den pränatalen Ursprung auditiver Gedächtnisspuren. Psyche 53, 137–157.

Pelikan, Johanna (2004): Der Gebrauch von Sprache als Übergangsphänomen in der kindlichen Entwicklung. Kinderanalyse 12, 136–166.

Racker, Heinrich (1965): Psychoanalytische Betrachtungen über die Musik und den Musiker. In: Oberhoff, B. (Hg.): Psychoanalyse und Musik. Gießen (Psychosozial-Verlag), S. 211–231.

Schreiber, Ulrich (2002): Opernführer für Fortgeschrittene, Das 19. Jahrhundert. Kassel (Bärenreiter), S. 617–620.

Schweikert, Uwe (2009): Opernwelt Jahrbuch 2009. Berlin (Friedrich), S. 72–82.

Verdi, Giuseppe: Klavierauszug La Traviata. Frankfurt a.M. (Peters).

Wagner, Hans-Joachim (2001): La Traviata. In: Gerhard, A. & Schweikert, U.: Verdi Handbuch. Kassel (Bärenreiter), Metzler (Stuttgart), S. 404–411.

Spiel mit dem Schrecken

Das Totentanzmotiv und die Musik

Sabine Ehrmann-Herfort

Der Totentanz, bei dem entweder eine Todesgestalt mit Lebenden oder Tote miteinander tanzen, ist ein im Mittelalter in deutsch- und französischsprachigen Landen entstandenes Sujet. Es zeigt Menschen aller Stände, mitten aus dem Leben gerissen, mit denen der Tod – groteskerweise – das Tanzbein schwingt. Auf solchen mittelalterlichen Totentanzdarstellungen, wie sie sich auf Wandgemälden, in Handschriften und Druckerzeugnissen finden (bzw. fanden), sind Tanzen und Musizieren bestimmend. In der Neuzeit beginnt der Totentanz, sich zu einer Metapher zu verselbstständigen und zu verfestigen, die als Ausdruck von existenziellen Grundstimmungen der Angst und des Ausgeliefertseins dient. Ausgehend von diesen Bedeutungsschichten haben sich insbesondere seit dem 19. Jahrhundert auch Komponisten für ihre Werke vielfach der Totentanzthematik bedient.

In die Darstellungen des mittelalterlichen Totentanzes fließen weitere Bildmotive ein. So spielt für die Genese des Totentanzes die Legende von den »Drei Lebenden und den drei Toten« eine wichtige Rolle, die sich bereits im ausgehenden 13. Jahrhundert in Frankreich etabliert, dann ab der Mitte des 14. Jahrhunderts in Italien verändert rezipiert und aus Frankreich auch nach England transportiert wird (Heyse/Briesemeister/Sauer 1986, Sp. 3390–1392). Die sowohl literarisch als auch ikonografisch präsente Legende zeigt drei vornehme junge Männer, die bei ihrem Ausritt auf drei Skelette stoßen, durch die sie an ihre eigene Vergänglichkeit erinnert werden (»Quod fuimus estis, quod sumus eritis«). In Italien spielen für die Genese des Totentanzmotivs in Dichtung und Malerei insbesondere auch Darstellungen des Triumphs des Todes *(Trionfo della morte)* eine Rolle.

Insgesamt repräsentieren der Totentanz und die mit ihm verwandten Motive Grenzerfahrungen des Menschseins. All diese Varianten des Todesthemas fungieren als Mahnungen, als Memento mori und als Erinnerung an menschliche Vergänglichkeit. Zugleich tragen die bewusst gemachten Grenzerfahrungen dazu bei, die Schrecken des Todes zu bannen, indem sie ikonografisch oder literarisch »exportiert« werden. Damit stehen die Schreckensmomente in einer kathartischen Weise der Erfahrung zur Verfügung (vgl. Leikert, Vorwort dieses Bandes).

1. Das Phänomen Totentanz

Der geschichtlich und regional vielgestaltige Begriff des Totentanzes benennt im engeren Sinne das in Literatur und Malerei des Spätmittelalters präsente Motiv eines Tanzes, zu dem der Tod oder mehrere Todesgestalten die Vertreter der Stände abholen. In dieser Bedeutung findet sich der Terminus auch in zahlreichen Druckwerken des 15. und 16. Jahrhunderts. Zu ihnen gehören

- der sogenannte Heidelberger Totentanz, *Der doten dantz mit figuren*, Heidelberg: Heinrich Knoblochtzer, nicht nach 1488,
- aus Lübeck *Des dodes dantz* (1489) und *Dodendantz* (1520),
- der *Todtentanz* von Jobst de Necker, Augsburg 1544,
- *Dødedans*, Kopenhagen um 1550,
- Caspar Scheyts *Der Todten-Dantz durch alle Stende und Geschlecht der Menschen*, Worms 1557.

In einem weiteren Sinn wird die Bezeichnung Totentanz seit der Renaissance und insbesondere im 19. und 20. Jahrhundert zu einer Allegorie für das Sterben schlechthin und fungiert in diesem Zusammenhang als apokalyptisches Bild.

Das französische Pendant zum Totentanz heißt »danse macabre«. Dieser Begriff ist in seiner Etymologie allerdings umstritten. Mögliche Herleitungen von »chorea Machabaeorum« (Makkabäertanz bzw. Makabertanz) oder von dem arabischen Wort maqabir (Gräber) und die These vom Ursprung des Totentanzes als eines nächtlichen, germanisch heidnischen Gräbertanzes werden von der neueren Totentanzforschung nicht bestätigt.

Dass der Begriff danse macabre in Frankreich bereits im 14. Jahrhundert bekannt ist, hat man aus einem Vers von Jean le Fèvre abgeleitet, der im Jahr 1376 in *Respit de la mort* von »Je fis de macabré la danse« spricht (Hammerstein 1980, S. 168). Ein weiterer Beleg für diesen Terminus ist aus dem Jahr 1449 überliefert, in dem sich Philipp der Gute von Burgund durch den Maler Nicaise de Cambray ein »certain jeu, histoire et moralité sur le fait de la danse macabre« vorführen ließ (Fehse 1907, S. 5). Als Titel findet sich *La Danse macabre nouvelle* 1486 in der 2. Auflage von Guyot Marchants Totentanzdruck. Sammeldrucke mit dem Titel *Grant danse macabre* sind im ausgehenden 15. und im frühen 16. Jahrhundert in Frankreich weit verbreitet. Als Bezeichnung eines Totentanzgemäldes ist der Ausdruck danse macabre erstmals 1424 für den Friedhof Aux Saints Innocents in Paris belegt (Schulte 1990, S. 122).

Für die neuere Totentanzforschung steht weniger die Entstehung des Totentanzes im Zentrum, als vielmehr die Frage nach der kulturgeschichtlichen Bedeutung des mittelalterlichen Tanzwesens und nach der Bewertung des Tanzes im Blick auf zeitgenössische Moralvorstellungen. Insbesondere richtet sich das Augenmerk auf die drei gestalterischen Elemente der Gattung: Ständereihe, Figur des Todesspielmanns bzw. Auftreten der Todesfiguren und Tanzmotiv.

2. Auf den Spuren der Totentanzidee

Über Herkunft und Entstehung der Totentänze, die im 15. und frühen 16. Jahrhundert in nahezu ganz Europa verbreitet sind, gibt es zahlreiche Thesen. Ob der Ausgangspunkt für die Totentänze nun in Frankreich oder Deutschland liegt, lässt sich nicht eindeutig entscheiden. Neuere Forschungen gehen eher von einer Herkunft aus Frankreich (Schulte 1990) und einer Entstehung im Umkreis der didaktischen Predigtliteratur (Kaiser 1983) aus. Entscheidend bestimmt ist der spätmittelalterliche Totentanz durch die Bimedialität von predigtähnlichem Text und Bild (Warda 2011).

Die älteste Form der Totentanztexte ist monologisch angelegt, eine dialogische Variante folgt später. Dies spricht vermutlich gegen eine Herkunft der Totentänze aus geistlichen Spielen. Mögliche weitere Impulse für die Entstehung der Totentanzidee können von den unterschiedlichen Darstellungen der Vergänglichkeitsthematik ausgegangen sein, so von der bereits genannten Legende von den drei Lebenden und den drei Toten, wie sie beispielsweise die berühmte Darstellung des Freskos *Trionfo della morte* auf dem Camposanto in Pisa zeigt (Mitte des 14. Jahrhunderts); außerdem von den seit dem 13. Jahrhundert verbreiteten Vado-mori-Gedichten, das sind Vergänglichkeitsgedichte, in denen in Distichen mit der Formel »Vado mori« die Hinfälligkeit des Lebens beklagt wird; und nicht zuletzt von den verschiedenen Formen der Vanitas-Allegorien. Herleiten lässt sich das Phänomen Totentanz hieraus freilich nicht. Vielmehr muss es nach neueren Forschungen als eigenständig angesehen werden.

Zu den zentralen Quellen für die Verbreitung der Totentänze gehören seit dem 15. Jahrhundert die Monumentalmalereien auf Friedhofs- und Kirchenmauern (vornehmlich bei Dominikanern und Franziskanern), zahlreiche Handschriften und Totentanzdrucke. Die Totentanzforschung geht von mittelalterlichen Bild- und Textquellen aus, während Musikdokumente aus dieser Zeit ganz fehlen. Im Folgenden sollen die wichtigsten und für musikwissenschaftliche Fragestellungen zentralen Totentänze genannt werden.

Die wohl älteste bekannte Totentanzdarstellung findet sich in der Abteikirche St. Robert in La Chaise-Dieu in der Auvergne. Sie wird auf die Zeit zwischen 1410 und 1420 datiert (Hammerstein 1980, S. 162). Ein weiteres frühes Wandgemälde ist der um 1424/1425 entstandene Totentanz an den Arkaden des Beinhauses auf dem Pariser Friedhof Aux Saints Innocents (zerstört 1529). Er ist als Holzschnittfolge in den Drucken von Guyot Marchant (1485/1486) erhalten. Von diesem populären Totentanzgemälde sind entscheidende Impulse für die Verbreitung der Totentanzthematik in Europa ausgegangen. Der älteste erhaltene Totentanztext wurde wohl zwischen 1443 und 1447 geschrieben, der sogenannte *Oberdeutsche vierzeilige Totentanz*, bei dem es sich um einen lateinisch-deutschen Mischtext handelt, in dem monologisch nur die Vertreter der Stände zu Wort kommen. Der Text könnte allerdings noch älter sein, da er als Vorlage für den um 1440 entstandenen Basler Totentanz gedient hat. Eine dialogische Textstruktur mit einer Anrede durch den Tod und der Antwort des Ständevertreters gibt es erst im sogenannten Heidelberger Blockbuch (um 1465).

Die für die deutschsprachige Tradition wegweisenden bildlichen Totentanzdarstellungen finden sieh in den Städten Basel und Lübeck. Der Totentanz im Großbasler Dominikanerkloster entstand um 1440 als Fresko an der Mauer des Laienfriedhofs (zerstört 1805; Aquarellkopien von Emanuel Büchel, 1773, und Johann Rudolf Feyerabend, 1806), die Kleinbasler Replik im Dominikanerinnenkloster Klingenthal zwischen 1460 und 1480. Die Einflüsse dieses als »liber Tod von Basel« (aus: Eyn Schweyzerisch Lyd, von jungen Weybern, abgedruckt bei Friedrich Nicolai, Eyn feyner kleyner Almanach, 1. Jahrgang, Berlin und Stettin 1977, S. 147) bekannt gewordenen Totentanzes sind im süddeutschen Raum bis ins 18. Jahrhundert wirksam.

Abb. 1: Basler Totentanz auf dem Friedhof der Predigerkirche: Prediger und Beinhaus nach der Kopie von Emanuel Büchel (1773).

Ähnlich einflussreich für den norddeutschen Raum war der Bernt Notke zugeschriebene, 1463 entstandene Totentanz aus der Lübecker St. Marien-Kirche (1942 zerstört). Er entstand in einem engen Abhängigkeitsverhältnis (Schulte 1990; Freytag 1993) zum Totentanz in St. Nikolai in Reval (Tallinn). Beim Lübeck-Revaler Totentanz ist der Reigen der Figuren im Text dadurch nachgestaltet, dass der Tod sich in seiner Antwortstrophe zunächst an den vorangehenden, später an den darauffolgenden Tanzpartner wendet, also gleichsam nach zwei Seiten hin spricht.

Abb. 2: Der doten dantz mit figuren // clage und antwort schon // von allen staten der werlt, Heinrich Knoblochtzer (um 1485): Beinhausmusik.

Im als Buch herausgekommenen Totentanz des Druckers Heinrich Knoblochtzer, *doten dantz mit figuren* (nicht nach 1488), dominiert das Instrumentenmotiv: In 35 von 38 Szenen ist der Tod mit einem Musikinstrument dargestellt.

Zwischen 1469 und 1490 entstand der Berliner Totentanz von St. Marien. Hier sitzt der Tod als Spielmann am Fuße der Predigerkanzel, eine Mischung aus Teufel und Tod und mit Klauen versehen. Dieser Teufelsspielmann, der dem im Mittelalter geächteten Berufsstand der Spielleute entstammt, könnte die These stützen, der tanzende Tod entstamme der Teufelssphäre (Hammerstein 1980).

Den Zusammenprall von Lebenslust und Tod, wie er sich besonders ausgeprägt im Kontrast von Jungfrau und Todesgestalt offenbart, mit einer starken Akzentuierung der grotesken und makabren Züge, führt der von Niklaus Manuel Deutsch geschaffene Totentanz an der Friedhofsmauer des Dominikanerklosters Bern (entstanden zwischen 1516 und 1520; zerstört 1660) dem neuzeitlichen Betrachter eindrucksvoll vor Augen (Kettler 2009).

Musik zum spätmittelalterlichen und frühneuzeitlichen Totentanz ist, wie bereits erwähnt, nicht überliefert. Für die musikwissenschaftliche Forschung bieten die Totentanzquellen jedoch umfangreiches Material zu Fragen des Tanzes, der Aufführungspraxis, der mittelalterlichen Musikanschauung und der Instrumentenkunde. Beispielsweise zählen die in Heinrich Knoblochtzers *doten dantz mit figuren* dargestellten Musikinstrumente zu den umfassendsten Bildquellen der zeitgenössischen Instrumentenkunde. Außerdem sind von einigen Quellen bedeutende Anstöße für die Bildung einer »Totentanz-Metapher« in der Musik des 19. und 20. Jahrhunderts ausgegangen.

Erst in Tabulaturbüchern des 16. und 17. Jahrhunderts gibt es auch instrumentale Stücke, die den Titel Totentanz tragen: *Mattasin oder Toden Tantz* in August Nörmigers *Tabulaturbuch auff dem Instrumente* (1598), *Todten-Tantz* im Lieder- und Lautenbuch des Petrus Fabricius (1603) oder der *Todtentanz* in einer Leipziger Handschrift von 1619. Eine Neubelebung und Neudeutung erfährt der Totentanz auch auf den Bühnen des Jesuitentheaters, wo im 17. Jahrhundert häufig Totentanzspiele aufgeführt werden, so beispielsweise *Von dem Tod oder Totentantz*, wie es 1606 in Ingolstadt gegeben wurde.

3. Intentionen und Motive

Der Totentanz lässt sich als das Ergebnis einer komplexen Verflechtung von literarischen Texten und bildnerischen Umsetzungen deuten. Verse und ikonografische Darstellung sind absichtsvoll in den Kontext eines öffentlichen Aufrufs zur Buße (Bußpredigt) eingebunden. In den Zeiten der Pest, die erstmals 1347 ausbrach und ganz Europa erfasste, verfolgt die Totentanzdarstellung offensichtlich vielfältige didaktische Intentionen: Sie führt die Gleichheit aller vor dem Tod vor Augen, ruft in einer Zeit zunehmender Wertschätzung der individuellen Existenz zur Buße auf, mahnt zur Vorbereitung auf den Tod und hilft zugleich, die Angst zu bannen, indem sie den Schrecken in drastische Bilder kleidet. Jenseits solcher religiös-moralischer Funktionen ist der gemalte Totentanz stets auch ein

Kunstobjekt. So ist zuallererst beim Berner Totentanz mit Niklaus Manuel Deutsch auch der ausführende Künstler bekannt geworden, der sich mit einem Selbstbildnis am Ende des Totentanzes selbst porträtiert hat.

In den Totentänzen usurpiert und parodiert der Tod den Tanz als den Inbegriff des Lebendigen und der Lebensfreude. Dabei verbreiten die präsentierten Todesszenen nicht nur Schrecken, sondern zugleich auch Faszination (Kaiser 1983, S. 6). In diesem Zusammenhang lässt sich auch auf das Motiv der verkehrten Welt und auf die Thematik der Narren verweisen: Tod und Narr sind gleichermaßen Vanitas-Figuren. Der Archetypus Totentanz steht außerdem für die Macht, mit der der Gleichmacher Tod alle Stände ohne Ansehen ihres gesellschaftlichen Ranges zum Tanz zwingt.

Abb. 3: Berner Totentanz des Niklaus Manuel an der Friedhofsmauer des Predigerklosters (zwischen 1515 und 1519) nach der Kopie von Albert Kauw (1649): Wittfrau und Tochter.

Schließlich ist in den Totentänzen des 15. und 16. Jahrhunderts eine Tendenz zur Dynamisierung der Todesfigur und zur Akzentuierung der Sphäre des Wilden zu beobachten. Das erotische Moment, wie es beispielsweise im Berner Totentanz deutlich verstärkt zu sehen ist, hat sich außerhalb der Totentänze unter dem Thema Der Tod und das Mädchen in der europäischen Kunst verselbstständigt.

Unter den Gestaltungselementen, die den spätmittelalterlichen Totentanz prägen (vorrangig sind es die bereits genannten Elemente Ständereihe, Todesfiguren und Tanz), sind die Motive des Tanzes und die der Musik, die über die vorgestellten Instrumente präsent ist, für die musikwissenschaftliche Forschung von besonderem Interesse. In der ursprünglichen, älteren Form (vornehmlich im 15. Jahrhundert) handelt es sich beim Totentanz um einen sich nach links bewegenden Reigen, den je eine Todesgestalt im Wechsel mit einem Vertreter der verschiedenen Stände und Berufe (in hierarchisch absteigender Reihenfolge) tanzen. Ganz links ruft oftmals ein Prediger zur Buße, unter der Kanzel zu seinen Füßen spielt der Todesspielmann auf und die gerufenen Personen müssen dazu tanzen.

Die Frage nach der Herkunft des Tanzmotivs ist immer wieder in Bezug gesetzt worden zur mittelalterlichen Bewertung des Tanzes als einer Äußerung von Sündhaftigkeit, wie sie beispielsweise Jacques de Vitry um 1200 artikuliert: »Chorea enim circulus est, cuius centrum est diabolus« (Hammerstein 1974, S. 47). Die Bewertung des Tanzes als verwerflich korrespondiert mit einer von der Forschung konstatierten Verbindung von tanzendem Tod und tanzendem Teufel und der Annahme, die Reigenformation könnte ihren Ursprung in den mittelalterlichen Weltgerichtsdarstellungen haben (Hammerstein 1980). Ein ikonografischer Beleg für eine solche Verbindung findet sich auf einer Darstellung von Totentanz und Weltgericht aus dem späten 15. Jahrhundert in der Kirche Saint-Jacques le Majeur in Le Bar-sur-Loup (Hoffmann-Axthelm 1984, S. 115). Hier ist einerseits mit Knochenmann, Spielmann und tanzenden Paaren das Personal des Totentanzes präsent, andererseits deuten Teufel, Seelenwaage und Höllenschlund auch auf den Weltgerichtskontext. Der Zug der Verdammten, aus dem Weltgerichtszusammenhang herausgelöst und verselbstständigt, könnte somit ein Grundmodell für den Totentanz bieten.

In den jüngeren Totentanzdarstellungen des 15. und 16. Jahrhunderts ist der Tanz als paarweiser Aufzug zum Friedhof und zum Beinhaus gestaltet. Todesgestalt und Vertreter der Stände sind ein Tanzpaar, wobei der Tod häufig als verwesende Doppelgängerparodie der Standesperson auftritt. Auch bei diesem Typus stellen oftmals ein zur Buße rufender Prediger und Sündenfallszenen die Verbindung zum Weltgerichtskontext her. Musikanten am Beinhaus verweisen ebenfalls auf diesen Kontext. Erweitert wird der Totentanz durch Figuren, die nicht den Ständen angehören. Der Auftritt von »Christen, Juden und Heiden«, dem mittelalterlichen Synonym für die ganze Menschheit, lässt den Totentanz somit zu einem Tanz aller Menschen werden, wie ihn beispielsweise die Totentanzdarstellungen in Basel und Bern vorstellen.

Die Vermutung, die Todesgestalt entstamme der Teufelssphäre, wird auch durch die Tatsache gestützt, dass die Instrumente, die der Tod spielt, häufig – jedoch keinesfalls immer – Blas- und Schlaginstrumente (fistula, tympanum) sind. In entsprechenden Kontexten gelten diese als Instrumente des Teufels. Bei den Totentänzen, auf denen im Reigen getanzt wird, finden sich Instrumente in der Hand des Todes, der als betörender Spielmann am Fuß der Kanzel sitzt. Stellt der Totentanz einen paarweisen Aufzug der Tänzer vor, so gibt es auch innerhalb der Tanzreihe Instrumente, sowohl in der Hand der Todesgestalten als auch bei den Ständepartnern. Der wohl älteste erhaltene Totentanztext nennt nur die Rohrpfeife (fistula) als Instrument des Todes (»Fistula tartarea vos iungit in una chorea« / »Mit seiner hellischen pfeifen schreien, bringt er euch all an einen reien«; Hammerstein 1980, S. 31). In den späteren Totentänzen wird dann allerdings das Instrumentenmotiv vielfältig differenziert und variiert, bis es im *doten dantz mit figuren* des Heinrich Knoblochtzer schließlich beherrschend geworden ist.

Was den Einsatz unterschiedlicher Instrumente betrifft, so gibt es dafür verschiedene Deutungsmöglichkeiten. Die Vielfalt der Instrumente kann für die Charakterisierung der Stände, für Gesellschaftskritik, Abwechslung, Pervertierung der Instrumente, Abbildung realer Szenen, aber auch für mehr oder weniger zufällige Zuordnungen stehen. Außerdem entspricht die Zusammenstellung der Instrumente bisweilen zeitüblichen Formationen.

4. Totentanz ohne Tanz

Wohl vor 1526 entstanden in Basel die *Imagines mortis* von Hans Holbein dem Jüngeren, ein Werk, das das Ende der alten Totentanzidee markiert, insbesondere weil es den Tanz vollständig eliminiert. Unter dem Einfluss der Renaissance verwandelt sich hier das alte Motiv. Die metaphysische Dimension verliert an Bedeutung, die bildliche Darstellung wird auf diesseitige Aspekte zugespitzt. Dabei treten isolierte Einzelszenen an die Stelle von Reigen- und Aufzugstypus. Bei Holbein beginnt also eine Tendenz wirksam zu werden, die sich bis in unsere Tage fortsetzt: die Verselbstständigung des Motivs im Sinne einer ästhetischen Autonomie, wie sie für die Neuzeit kennzeichnend ist. Tanz-, Musik- und Instrumentenmotive verlieren dabei im »Totentanz« an Bedeutung.

Abb. 4: Hans Holbein d. J.: Imagines mortis, Basel 1526: Die Nonne.

Die Zeit der Aufklärung verbannt vollends das mittelalterliche Bild des Totentanzes. Der Tod wird nun, nach antikem Vorbild, als Zwillingsbruder des Schlafes vorgestellt. Das »alte heitere Bild des Todes« tritt an die Stelle des tanzenden Gerippes (Lessing 1769, S. 14, 65), auch wenn die Thematik des Totentanzes vereinzelt noch aufgegriffen wird (so in dem 1762 in Kopenhagen erschienenen dänischen *Dode-Dands*).

5. Die Wiederaufnahme der Totentanzidee in der Musik des 19. und 20. Jahrhunderts

Erst mit Beginn der Erforschung der mittelalterlichen Totentänze im 19. Jahrhundert setzt eine historische Rückbesinnung auf die mittelalterlichen Werke und ihre Sujets ein. Bis heute ist die Bildidee in Kunst und Literatur lebendig, wurde jedoch in Bedeutung, Intention und

Kontext immer wieder modifiziert oder hat sich gar unabhängig vom Urbild weiterentwickelt. Im Rahmen der Rezeption wird der Totentanz im 19. und 20. Jahrhundert – nicht nur in der Musik – zu einer nach allen Seiten offenen poetischen Metapher, die ältere und neuere Vorstellungen bündelt. In Zeiten der Angst und des Ausgeliefertseins an die Mächte von Krieg und Krankheit diente und dient das Bild des Totentanzes als Ausdruck einer existenziellen Grundstimmung (Link 1993).

Zur Rezeption der Thematik in der Musik des 19. Jahrhunderts gehört Franz Liszts *Totentanz: Paraphrase über Dies irae* für Klavier und Orchester (Erstfassung 1849, mehrfach überarbeitet), ein Variationenzyklus über den Beginn der *Dies-irae*-Sequenz, der nach Aussagen der Liszt-Biografie auch durch den tiefen Eindruck, den der Pisaner *Trionfo della morte* auf Liszt gemacht hat, inspiriert gewesen sein soll (Ramann 1983, S. 331). Die im Untertitel des Stücks präsente Verbindung mit der Sequenz des *Dies irae* vermag exemplarisch deutlich zu machen, wie wenig die Rezeption des Totentanzes im 19. Jahrhundert noch mit der ursprünglichen, mittelalterlichen Gattung gemeinsam hat und welchen Wandlungen der jetzt sehr viel weiter gefasste Begriff unterworfen ist.

Das Spektrum der nunmehr als Totentanz bezeichneten Werke ist groß. Die symphonische Dichtung *Danse macabre* von Camille Saint-Saëns, im Jahr 1874 auf der Grundlage der Liedvertonung (1872) des Gedichts von Henri Cazalis *(Zig et Zig et Zig, la Morte en cadence)* geschaffen, enthält Elemente, die auf den Totentanz (als Gräbertanz) zurückweisen: das Walzeridiom, das Aufspielen der Solovioline zum Tanz, der Einsatz des Xylophons, das ein Klappern der Skelette musikalisch illustriert.

Eine Sonderstellung innerhalb der musikalischen Geschichte der Totentanzidee im 19. Jahrhundert nehmen Klavierlieder ein, denen Totentanzgedichte zugrunde liegen. Dazu gehören die Vertonungen von Johann Wolfgang von Goethes *Der Totentanz* durch Carl Friedrich Zelter (*Todtentanz*, 1826) und Carl Loewe (1835) oder auch Modest Musorgskijs *Pesni i pljaski smerti* (Lieder und Tänze des Todes, 1875–1877) nach Texten von Arsenij Goleniš ev-Kutuzov. Ob bereits die Verwendung eines Totentanzgedichtes die Zuordnung zum Totentanz rechtfertigt, muss zumindest offen bleiben. Franz Schuberts Lied *Der Tod und das Mädchen* (1817) zeigt, wie isolierte Einzelmotive aus dem Kontext der

Totentanzthematik (Tod und Mädchen) eine Eigendynamik entwickeln. Jean-Georges Kastners *La Danse macabre* für Orchester und Solostimmen (1852) oder Max Regers Klavierstück *Caprice fantastique (Danse macabre)* aus den *Sechs Klavierstücken »Grüße an die Jugend«* (1898) greifen das Sujet auf unterschiedliche Weise ebenfalls auf.

Die Rezeption des Totentanzes im 20. Jahrhundert ist mehr noch als im 19. Jahrhundert geprägt von einer Vielfalt der Deutungsmöglichkeiten. Der Gebrauch der Metapher erfolgt sehr frei, häufig auf der Basis von Anspielungen. Unter dem Eindruck der Schrecken von Krieg, Verfolgung und Vernichtung sind auch im 20. Jahrhundert zahlreiche musikalische Totentänze konzipiert worden, insbesondere in den Städten Basel und Lübeck mit der Absicht, an dortige Totentanztraditionen anzuknüpfen.

So entstand in enger Verbindung zur Totentanzstadt Basel und angeregt durch Hans Holbeins *Imagines mortis* Arthur Honeggers *La Danse des morts* (1938/1940, Text von Paul Claudel) für Sprecher, Soli, Chor und Orchester, in dem vom mittelalterlichen Totentanz die ikonografischen Konstanten Tanz und Ständereihe aufgegriffen werden, Totentanztexte und ein tanzender Tod dagegen vollständig fehlen. Dieser »Tanz der Toten« steht für christlich bestimmtes Welttheater in den Zeiten des Krieges.

Berührungspunkte zum Jedermannspiel und zum Welttheater zeigen sich auch in Frank Martins *Ein Totentanz zu Basel* (Basel 1943), einer Art Begleitmusik zu einem Spiel auf dem Basler Münsterplatz, halb Tanz, halb Pantomime, für Knabenchor, Streichorchester, Jazzensemble und Basler Trommler. Der als Tänzer auftretende Tod geleitet die Menschen über eine große Treppe zum Jenseits: Auch in diesem von Mariette von Meyenburg stammenden Schauspiel sind Motive des mittelalterlichen Totentanzes präsent.

Ebenfalls inspiriert durch Hans Holbeins Holzschnittfolge *Imagines mortis* entstand Cesar Bresgens *Totentanz nach Holbein*, der in verschiedenen Fassungen vorliegt (1947, für zwei Klaviere). Als wichtiges Bindeglied zwischen Bildprogramm und Musik fungiert in Bresgens Komposition das Volkslied »Der grimmig Tod mit seinem Pfeil«.

An die Tradition des Lübecker Totentanzes knüpft dagegen Hugo Distler in der vierstimmigen Motette *Totentanz* (1934) aus der Sammlung *Geistliche Chormusik* an: Textgrundlage der Komposition ist eine Bearbeitung der Dialogverse von Tod und Ständevertretern des Lübecker Totentanzes, alternierend kommt eine Auswahl von Sprüchen aus dem *Cherubinischen Wandersmann* des Angelus Silesius hinzu. Die Dialogverse werden rezitiert, die Sprüche dagegen sind für vierstimmigen Chor a cappella komponiert. Auch Walter Krafts *Der Lübecker Totentanz. Ein geistliches Spiel mit tanzenden Gestalten nach dem alten Gemälde-Fries von St. Marien* (Lübeck 1954) stellt eine Rückbesinnung auf den alten Lübecker Totentanz dar.

Aribert Reimanns *Ein Totentanz*, Suite für Bariton und Kammerorchester (1960), György Ligetis »Anti-Anti-Oper« *Le Grand macabre* (Stockholm 1978, nach Ghelderode), die das Totentanzsujet in parodistischer Absicht benutzt und verfremdet, Volker David Kirchners 1. Sinfonie *Totentanz* (1980), Rudolf Kelterborns *Der Tod und die Jungfrau* (1981–1982), *Totutanz* aus Heinz Holligers an volkstümlich-archetypische Formen des Musikmachens anknüpfendem *Alb-Chehr* (1991) oder Dieter Schnebels Opernfragment *Majakowskis Tod – Totentanz* (1995/1998) stehen für weitere Metamorphosen der mittelalterlichen Bildidee.

6. Resümee

Das Spektrum der angeführten Werke zeigt, wie die Bezeichnung Totentanz in der Musik des 19. und 20. Jahrhunderts zur Metapher wird, wie weit der Begriff gefasst ist und wie sehr sich die Realisierung gelegentlich von den mittelalterlichen Vorlagen entfernt.

Vokalmusik des 16. und 17. Jahrhunderts, die die Themen Vergänglichkeit und Vanitas thematisiert, ist von der musikwissenschaftlichen Forschung immer wieder auch Totentanz genannt worden. Dazu gehören beispielsweise Leonhard Lechners *Deutsche Sprüche von Leben und Tod* (1606). Bei dieser Verwendung des Wortes ist das Kennzeichen »Tanz« nunmehr völlig zurückgetreten, und der Ausdruck bezieht sich metaphorisch – wie auch im poetischen Sprachgebrauch des 19. und 20. Jahrhunderts üblich – auf die Vorstellung des Sterbenmüssens.

Im 19. und 20. Jahrhundert wird die Idee vom Totentanz auf vielfältigste Formen der Verknüpfung von Tanz und Tod ausgedehnt, die häufig dem Bereich des Stimmungsmäßigen, Assoziativen verpflichtet und nicht an einen fest umrissenen Begriffsinhalt gebunden sind. Dabei mag der Begriff durchaus auch als Signal oder Reizvokabel benutzt werden. Seine vielfältige, häufig auch unreflektierte Verwendung im 19. und 20. Jahrhundert ist in der musikwissenschaftlichen Forschung bislang nur am Rande zur Kenntnis genommen worden. Der Versuch einer ersten Bestandsaufnahme und Systematisierung findet sich bei Günther Massenkeil (1993), der für die musikalische Totentanzrezeption des 19. und 20. Jahrhunderts zwischen szenischen und nichtszenischen Konzeptionen, zwischen Vokal- und Instrumentalmusik unterscheidet. Totentanzcharakter kann somit auf der Ebene von Spiel und Szene, auf der des Textes oder in der Instrumentalmusik erzeugt werden. Mit Blick auf die mittelalterlichen Vorbilder spielt allerdings vor allem das szenische Moment – und sei es auch nur angedeutet – eine grundlegende Rolle.

Literatur

Fehse, Wilhelm (1907): Der Ursprung der Totentänze. Halle (Niemeyer).

Freytag, Hartmut & Blessin, Stefan (Hg.) (1993): Der Totentanz der Marienkirche in Lübeck und der Nikolaikirche in Reval (Tallinn). Edition, Kommentar, Interpretation, Rezeption, Niederdeutsche Studien 39. Köln/Weimar/Wien (Böhlau).

Hammerstein, Reinhold (1974): Diabolus in musica. Studien zur Ikonographie der Musik im Mittelalter. Bern/München (Francke).

Hammerstein, Reinhold (1980): Tanz und Musik des Todes. Die mittelalterlichen Totentänze und ihr Nachleben. Bern/München (Francke).

Heyse, Elisabeth; Briesemeister, Dietrich & Sauer, Hans (1986): »Drei Lebende und drei Tote«. In: Lexikon des Mittelalters, Bd. 3. München/Zürich (Artemis Verlag), Sp. 3390–1392.

Hoffmann-Axthelm, Dagmar (1984): Zu Ikonographie und Bedeutungsgeschichte von Flöte und Trommel in Mittelalter und Renaissance. In: Basler Jahrbuch für Historische Musikpraxis 7. Winterthur (Amadeus-Verlag), S. 84–118.

Kaiser, Gert (Hg.) (1983): Der tanzende Tod: mittelalterliche Totentänze. Frankfurt a.M. (Insel-Verlag).

Kettler, Wilfried, (2009): Der Berner Totentanz des Niklaus Manuel: philologische, epigraphische sowie historische Überlegungen zu einem Sprach- und Kunstdenkmal der frühen Neuzeit. Bern etc. (Lang).

Lessing, Gotthold Ephraim (1769): Wie die Alten den Tod gebildet. Hrsg. von Ludwig Uhlig. Stuttgart (Reclam), 1984.

Link, Franz (Hg.) (1993): Tanz und Tod in Kunst und Literatur, Schriften zur Literaturwissenschaft 8. Berlin (Duncker & Humblot).

Massenkeil, Günther (1993): Der Totentanz in der Musik des 19. und 20. Jahrhunderts. In: ebd., S. 265–276.

Ramann, Lina (1983): Lisztiana. Erinnerungen an Franz Liszt in Tagebuchblättern, Briefen und Dokumenten aus den Jahren 1873–1886/87. Hrsg. von Arthur Seidl. Mainz (Schott).

Schulte, Brigitte (1990): Die deutschsprachigen spätmittelalterlichen Totentänze: unter besonderer Berücksichtigung der Inkunabel »Des dodes dantz«, Lübeck 1489. Niederdeutsche Studien 36. Köln/Wien (Böhlau).

Warda, Susanne (2011): Memento mori: Bild und Text in Totentänzen des Spätmittelalters und der frühen Neuzeit. Pictura et poesis 29. Köln/Weimar/Wien (Böhlau).

Auf der Grundlage des von Sabine Ehrmann-Herfort verfassten Artikels »Totentanz«, in: Die Musik in Geschichte und Gegenwart, zweite, neubearbeitete Ausgabe, hrsg. von Ludwig Finscher, Sachteil, Bd. 9, Kassel, Bärenreiter-Verlag 1998, Sp. 682–691, © Bärenreiter-Verlag Kassel. Forschungsliteratur, die danach erschienen ist, konnte nur punktuell berücksichtigt werden.

Siegmunds Tod

Geheimnisvolle psychische Transmissionen und pathogene Strukturen in Wagners Oper *Die Walküre*

Bernd Oberhoff

Der Autor versteht Wagners vierteiliges Bühnenfestspiel *Ring des Nibelungen* als ein entwicklungspsychologisches Drama, genauer als »Die Heldenreise des frühen Ichs«. Im *Rheingold* waren es die Alter Egos Alberich (Schwarzalbe) und Wotan (Weißalbe), welche die ersten Abenteuer in der frühkindlichen Ichentwicklung zu bestehen hatten (vgl. Oberhoff 2011). Alberich erfährt frühe Traumata der Überstimulierung und des Zurückgewiesenwerdens durch die Mutter (in Gestalt der Rheintöchter). Diese deprimierende Niederlage hat eine Wut aufkeimen lassen, die als eine aggressive Fantasie gegen den Mutterleib ausagiert wurde (der Raub des Rheingolds). Da in dieser Entwicklungsphase zwischen Fantasie und Realität noch keine klare Grenze gezogen ist, meint das frühe Ich, die vollkommene Mutter verletzt oder sogar zerstört zu haben, und dass an ihre Stelle nun eine unvollkommene, mit Fehlern behaftete menschliche Mutter getreten ist. Es leidet unter heftigen Schuldgefühlen (es sind dies Gefühle der sog. depressiven Position nach Melanie Klein), die letztlich dem Ziel dienen, den Abschied aus der paradiesischen Symbiose mit der Mutter voranzutreiben und das Ankommen in der Realität zu ermöglichen.

Auch Wotan hat sich durch den Raub des Ringes, jenem Symbol für die Aggression gegen die Mutter, schuldig gemacht. Da es ihm nicht gelungen ist, die aufgetretenen Schuldgefühle zu meistern, sondern er sie aus seinem Bewusstsein ausgesperrt hat, verfolgt ihn fortan diese verdrängte Schuld, und zwar in ganz spezifischer Weise. Gemäß der Entwicklungspsychologie von Melanie Klein (1935) wandelt das noch unreife Ich überfordernde Schuldgefühle unmittelbar in Szenen der Verfolgung um. Der Grund ist einsichtig: Was vorher diffus und ungreifbar von innen her bedrohte, wird durch die Externalisierung zu einem sichtbaren äußeren Verfolger, gegen den man kämpfen und sich zur Wehr setzen kann. Aus dem inneren Schuldgefühl wird ein äußeres, persekutorisches Schuldgefühl.

Es darf also nicht verwundern, dass wir bereits mit den ersten Klängen des Vorspiels zur *Walküre* in eine bedrohliche Verfolgungsszenerie geworfen werden. Es sind aber nicht mehr Alberich und Wotan, die Helden des Vorabends, die diese Abenteuer des sich entwickelnden Ichs zu bestehen haben, sondern hier wird bereits die nachfolgende Generation ins Gefecht geschickt. Den Grund dafür werden wir bald verstehen. Durch diese Konstellation wird es möglich, eine transgenerationale Thematik ins Geschehen hineinzubringen.

1. Die Ouvertüre

Die Oper *Walküre* eröffnet mit einer extrem unruhigen und spannungsgeladenen Ouvertüre. Diese einleitende Musik bezieht sich offenbar auf die erste Szene, in der sich ein namenloser Fremder, der sich Wehwalt nennt, nach stürmischen Kämpfen gegen Verfolger in ein Haus geflüchtet hat, wo er auf die Hausherrin Sieglinde trifft. Die einleitende Ouvertürenmusik stellt offensichtlich eine Verklanglichung der Worte Wehwalts dar: »Mich jagten Sturm und starke Not.« Entsprechend fragt man sich: Wem ist diese spannungsgeladene Musik zuzuordnen, dem äußeren Sturm oder der inneren Not? Man spricht leitmotivisch vom »Sturm-Motiv«, doch mit gleicher Berechtigung ließe sich bei diesen Klängen vom »Motiv der inneren Not« sprechen. Und da die innere Not aus Verfolgungsängsten besteht, wäre eine genauso berechtigte Benennung »Verfolgungsangst-Motiv«.

Über einer unruhigen, aus gestoßenen Viertelnoten bestehenden Basslinie sind bedrohliche, wilde Streichertremoli zu vernehmen. Wie gespenstische Klangwellen überrollen diese wilden Tremoli in unkalkulierbaren Schüben den Zuhörer: ein unglaublich plastischer Ausdruck von paranoiden Ängsten.

Es ist nicht übertrieben, davon zu sprechen, dass sich in den Anfangstakten dieses Vorspiels, also im Sturm-Motiv bzw. Verfolgungsangst-Motiv, in nuce bereits die Essenz der gesamten Oper offenbart. In einer psychischen Welt, in der zwischen dem, was innen und dem was außen ist, nicht klar unterschieden werden kann und keine sicheren Grenzlinien gezogen sind, drohen Gefahren, von unsichtbaren und nicht zu kontrollierenden Fremdeinflüssen manipuliert zu werden. Und genau darum wird es gehen. Geheimnisvolle psychische Transmissionen in der Wotansfamilie stehen im Zentrum der Oper *Walküre.*

Sturm-Motiv oder Verfolgungsangst-Motiv

2. Die verschmelzende Identifizierung mit dem guten Objekt

Der Vorhang öffnet sich und gibt den Blick frei auf eine Wohnstube. Irritierend ist, dass sich inmitten des Zimmers ein mächtiger Baum befindet. In der Bühnenanweisung heißt es: *In der Mitte steht der Stamm einer mächtigen Esche, dessen stark erhabene Wurzeln sich weithin in den Erdboden verlieren.* Zur Besonderheit dieses Baums gehört es, dass ein Schwert in ihm steckt. Psychologisch betrachtet setzt sich in diesem ersten Bild die diagnostizierte Unsicherheit zwischen dem, was innen und dem, was außen ist, fort. Ein Baum, der dem Außen angehört, ist in das Innere eines Hauses verpflanzt worden.

Der verfolgte Wehwalt, der sich in dieses Haus geflüchtet hat, wird von der Hausherrin Sieglinde mütterlich umsorgt. Sie bringt dem Ermatteten zu trinken und pflegt seine Wunden. Überhaupt scheint ein geheimnisvolles Band diese beiden Personen miteinander zu verbinden.

Ein düsteres, scharf rhythmisiertes Motiv im Orchester kündigt es an: Sieglindes Ehemann Hunding ist heimgekehrt und steht in voller Bewaffnung in der Tür.

Hunding-Motiv

Von Hunding feindselig und misstrauisch beäugt, berichtet Wehwalt von seinen Kämpfen gegen nicht näher bezeichnete Verfolger. Er erzählt:

> *Wehwalt*
> Wolfe, der war mein Vater;
> zu zwei kam ich zur Welt,
> eine Zwillingsschwester und ich.
> Früh schwanden mir Mutter und Maid;
> [...]
> Wahrlich und stark war Wolfe;
> der Feinde wuchsen ihm viel.
> Zum Jagen zog mit dem Jungen der Alte:
> von Hetze und Harst einst kehrten wir heim:
> da lag das Wolfsnest leer.
> Zu Schutt gebrannt der prangende Saal,
> zum Stumpf der Eiche blühender Stamm;
> erschlagen der Mutter mutiger Leib,
> [...]

Das Bild von der Ausraubung des Nestes in Verbindung mit dem »erschlagen der Mutter mutiger Leib« muss aufhorchen lassen, bestand doch im *Rheingold* jene »fluchfertige frevelhafte Tat« Alberichs darin, den Rheintöchtern ihr geliebtes Gold entrissen zu haben, was sich in symbolischer Deutung als jenes frühkindliche Phantasma entpuppte, einen wütenden Angriff auf den Mutterleib verübt zu haben, um die darin befindlichen begehrenswerten Güter an sich zu reißen. Solch eine aggressive Fantasie, von der der Säugling irrtümlich meint, dass sie sich in der äußeren Realität wirklich ereignet hat, führt dazu, dass er die Rache der attackierten Mutter und anderer verfolgender Rächergestalten fürchtet.

Nach Wehwalts Bericht ist für Hunding klar, wen er vor sich hat. Der fremde Gast ist jener »Frevler«, den er am heutigen Tage zusammen mit den anderen seiner Sippe gejagt hat. So lässt er den Fremden wissen, dass er heute noch Gastrecht genießt, er ihn morgen aber erneut zum Kampf fordern wird.

Es ist vollständige Nacht geworden. Wehwalt sitzt vor sich hin brütend am schwach erleuchteten Herdfeuer. Da erscheint Sieglinde im weißen Nachtgewand und flüstert Wehwalt die vielversprechenden Worte ins Ohr: »Nütze die Nacht dir zum Heil!«

Dies ist gleichsam der Startschuss für eine glutvolle Frühlingsnacht, in welcher beide entdecken, dass sie Zwillingsgeschwister sind und Wotan ihr Vater ist. Sieglinde schwingt sich zur Namensgeberin ihres namenlosen Bruders auf und nennt ihn Siegmund.

Dann richtet sich alle Aufmerksamkeit auf das in den Baum gestoßene Schwert. Bei Sieglindes Worten »War Wälse dein Vater und bist du ein Wälsung, stieß er für dich sein Schwert in den Stamm« eilt Siegmund zum Stamm der Esche und zieht mit einem »gewaltigen Zuck« das Schwert aus dem Stamm. Sieglinde jubelt: »Die eigene Schwester gewannst du zu eins mit dem Schwert!« Siegmund zieht sie mit »wütender Glut« an sich, sie sinkt mit einem Schrei an seine Brust – der Vorhang fällt schnell. Ende des 1. Akts.

Dieser 1. Akt hat eine Fülle an wertvollen salutogenen Geschenken bereitstellt: Der angstgepeinigte namenlose Flüchtling von ehedem hat einen Namen bekommen, der Sieg verspricht. Dieser Siegmund hat des Weiteren ein gutes mütterlich-schwesterliches Objekt gefunden, mit dem er sich verbunden hat, und er hat schließlich vom Vater eine unbesiegbare Abwehrwaffe geschenkt bekommen, die ihn keinen Verfolger mehr fürchten lassen muss.

Siegmund also ein Glückspilz? Es sieht alles danach aus – wäre da nicht jener unselige Ehestreit zwischen Göttervater Wotan und Gattin Fricka, der, wie wir sehen werden, viel mehr ist als nur ein Ehestreit.

3. Wotans Unterwerfung unter Frickas Willen

Das Bühnenbild zum 2. Akt führt uns hinauf auf felsige Höhen. Wotan ist guter Dinge und kündigt seiner Lieblingswalküre Brünnhilde den bevorstehenden Kampf zwischen Siegmund und Hunding an. Dass er aufseiten seines Wälsungensohns Siegmund steht, ist keine Frage, und so gibt er der zum Kampf gerüsteten Tochter die Order mit auf den Weg: »Brünnhilde stürme zum Kampf, dem Wälsung kiese sie Sieg!«

Doch im nächsten Moment rast die aufgebrachte Gattin Fricka mit ihrem Widdergespann heran und verlangt von Wotan, dass er den Inzestfrevel von Siegmund und Sieglinde hart bestrafen soll. Wotan sieht dazu keine Veranlassung und entwickelt erstmalig den merkwürdig erscheinenden Gedanken, dass seine Machterhaltung nur durch einen Helden gesichert werden kann, der, ledig göttlichen Schutzes und unabhängig vom Göttergesetz eine Tat vollbringt, die ihm, Wotan, zu vollbringen verwehrt ist. Fricka fragt ungläubig zurück: »Was Hehres sollten Helden je wirken, das ihren Göttern verwehrt, deren Gunst in ihnen nur wirkt?« Als Wotan abzustreiten versucht, dass in Siegmund seine »Gunst gewirkt« hat, und er beteuert, dass er ihm keinen Schutz gewährt habe, fährt es aus Fricka heraus:

> *Fricka*
> So schütz' auch heut' ihn nicht!
> Nimm ihm das Schwert, das du ihm geschenkt.

Angesichts von Frickas vehement forderndem Verhalten wird Wotan zunehmend unsicherer. Es geht eine merkwürdige Veränderung mit ihm vor. Seine Haltung ist von einem »unterdrückten Beben« gekennzeichnet und drückt einen »wachsenden unheimlichen, tiefen Unmut« aus. Dazu taucht ein neues musikalisches Tongebilde auf, Verzweiflungs-Motiv genannt, das mit einem stechenden Triolenvorhalt vor einer ausgehaltenen halben Note *(sforzato)* beginnt und dann gleichsam in sich zusammenfällt.

Verzweiflungs-Motiv

Auch Wotans wehrhafte Kräfte fallen – wie in dieser Musik abgebildet – buchstäblich in sich zusammen. Ohnmächtig und absolut hilflos steht er da, unfähig, der zornigen Gattin in irgendeiner Weise Paroli zu bieten. Resigniert überlässt er Fricka das Feld: »Was verlangst du?« Fricka: »Laß von dem Wälsung!«

Wotan verspricht kleinlaut, Siegmund nicht zu schützen. Doch Fricka will mehr und ringt ihm noch die Zusicherung ab, dass auch Brünnhilde dem Wälsung nicht beistehen darf und dass Siegmunds Schwert die Zauberkraft genommen werden soll: »Entzieh' dem [Schwert] den Zauber, zerknick' es dem Knecht! [...] Der Wälsung fällt meiner Ehre.« In »furchtbarem Unmut und innerem Grimm« leistet Wotan den Eid und verspricht die Erfüllung aller Forderungen der triumphierend von dannen rauschenden Fricka.

Man reibt sich verwundert die Augen. Man hätte erwartet, dass der mächtigste Gott seine Meinung durchsetzt und die Ehefrau mit ihrem grausigen Anliegen in ihre Schranken weist. Doch das Unbegreifliche geschieht. Wotan lässt von seiner Meinung ab, er knickt ein und ist am Ende gar so weit, sich zum Büttel Frickas zu machen. Wie lässt sich diese unglaubliche Dekompensation des Herrschers von Walhall erklären?

Brünnhilde tritt auf die Szene (2. Akt, 2. Szene) und ist erschrocken über den armseligen Zustand ihres Vaters: »So sah ich dich nie! Was nagt dir das Herz?«

> *Wotan*
> O heilige Schmach!
> O schmählicher Harm!
> Götternot! Götternot!
> Endloser Grimm! Ewiger Gram!
> Der Traurigste bin ich von allen!

Brünnhilde ahnt Schlimmes für den bevorstehenden Kampf zwischen Siegmund und Hunding und fragt deshalb voller Angst: »O sag, künde, was soll nun dein Kind?« Wotan erwidert resigniert: »Fromm streite für Fricka [...]! Was sie erkor, das kiese auch ich: was frommte mir eigener Wille? [...] Für Frickas Knechte kämpfe nun du!« Danach verschwindet er schnell im Gebirge.

Brünnhilde ist zutiefst verwirrt und erschüttert. All ihre Kampfeslust ist verschwunden. Wie betäubt steht sie da angesichts des furchtbaren Auftrags, den sie gerade vom Walvater aufgetragen bekommen hat, Siegmund den Tod zu verkünden.

4. Das In-Stücke-Fallen von Schwert und Selbst

Und so tritt Brünnhilde in der folgenden Szene (2. Akt, 3. Szene) als eine Todesgöttin vor Siegmund und lässt ihn wissen: »Nur Todgeweihten taugt mein Anblick; wer mich erschaut, der scheidet vom Lebenslicht.« Dazu erklingt das Todesverkündigungs-Motiv.

Todesverkündigungs-Motiv

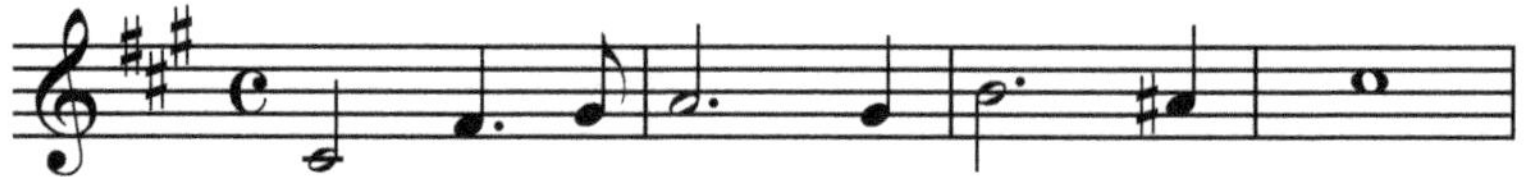

Der verwirrte Siegmund verweist trotzig auf sein Schwert: »Der es mir schuf, beschied mir Sieg«. Doch Brunhilde lässt ihn mit erhobener Stimme wissen: »Der es dir schuf, beschied dir jetzt Tod: seine Tugend nimmt er dem Schwert!«

Siegmund widersetzt sich Brünnhildes Aufforderung, ihr nach Walhall zu folgen, und droht damit, Sieglinde mit in den Tod zu reißen. Diese wilde Entschlossenheit bleibt nicht ohne Wirkung. Brünnhilde ist sichtlich beeindruckt von Siegmunds Lebenswillen und bewegt von seiner Liebe zur Schwestergeliebten. Brünnhildes innerer Zwiespalt bricht wieder auf und das Mitleid gegenüber diesem tapferen Zwillingspaar wird in ihr so stark, dass sie es nicht übers Herz bringt, die Vollstreckerin des kalten und herzlosen Willens von Fricka und Wotan zu sein. Wie befreit verkündet sie, dass sie nunmehr bereit ist, auf Siegmunds Seite zu kämpfen und seinen Sieg über Hunding herbeizuführen.

Siegmund blickt der sich entfernenden Walküre angesichts dieser unverhofften Wendung des Schicksals »freudig und erhoben« nach. Doch um ihn herum breitet sich eine drohende Finsternis aus. Ein letzter liebevoller Blick auf die Geliebte und ein Kuss auf ihre Stirn, dann macht sich Siegmund auf ins Gefecht, denn Hunding ist auf der Kampfarena erschienen.

Als nach den üblichen wechselseitigen Schmähreden der Kontrahenten Siegfried zum tödlichen Streich gegen Hunding ausholen will, bricht ein glühend rötlicher Schein durch das Gewölk, in welchem Wotan erscheint und Siegmund seinen Speer entgegenhält.

Wotan
Zurück vor dem Speer! In Stücken das Schwert.

Brünnhilde, die bis dahin ihren Schild über Siegmund gehalten hatte, weicht erschrocken vor Wotan zurück. Siegmunds Schwert zerspringt am entgegenstehenden Speer. Dem Wehrlosen stößt Hunding seine Lanze in die Brust. Siegmund stürzt tot zu Boden.

Der glänzende Schein ist verschwunden. In dichter Finsternis erkennt man Brünnhilde, wie sie in großer Hast die Splitter des zerschlagenen Schwerts einsammelt, dann die ohnmächtige Sieglinde auf ihr Ross hebt und zusammen mit ihr durch die Lüfte davonjagt. Über dem Kampfplatz ist Wotan auf seinen Speer gelehnt zu erkennen, wie er mit schmerzvoller Miene auf Siegmunds Leiche blickt. Zu Hunding gewandt lässt er verlauten:

Wotan
Geh' hin, Knecht! Knie' vor Fricka:
Meld' ihr, daß Wotans Speer gerächt,
was Spott ihr schuf. – Geh'! Geh'!

Mit einer verächtlichen Handbewegung lässt er Hunding den Tod finden. Doch schon im nächsten Moment kehrt sich sein Zorn gegen Brünnhilde. In aufflammender furchtbarer Wut droht er seiner Walküre:

Wotan
Doch Brünnhilde! Weh' der Verbrecherin!
Furchtbar sei die Freche gestraft,
erreicht mein Roß ihre Flucht!
(Er verschwindet mit Blitz und Donner. –
Der Vorhang fällt schnell.)

Hier am Ende des zweiten Aktes möchte ich kurz einmal innehalten. Es erscheint mir angebracht, die bis hierher geschilderten Ereignisse etwas genauer in den Blick nehmen. Zum Ausgangspunkt wähle ich jenes geheimnisvolle Bild, das uns den ganzen 1. Akt begleitet hat und dessen Bedeutung bislang noch unerschlossen geblieben ist. Gemeint ist jener Baum mit Schwert im Innern des Hauses, sowie die spätere Inbesitznahme dieses Schwertes durch Siegmund.

5. Delegierung des Schuldkomplexes durch Implantation

Der Wagnerexperte Peter Wapnewski ist irritiert über Wagners Anweisung, dass das Herausziehen des Schwertes mit einem »gewaltigen Zuck«, also mit großer Muskelkraft erfolgen soll. Denn Siegmund, so Wapnewski, »ist der Bestimmte und Erkorene – als solcher würde er sich herrlich bestätigen, indem er mit leiser, fast spielerischer Gebärde sein Schwert aus dem Stamme löst« (Wapnewski 1998/2007, S. 118).

Aber bei Wagner liegt das Schwert ganz und gar nicht lose da, sondern muss mit einem gewaltigen Zuck an sich genommen werden. Zunächst einmal erinnert diese gewaltsame Geste des Entreißens an den Raub des Rheingolds, respektive des Rings, wo in allen Fällen jeweils mit einem gewaltigen Zuck entrissen wurde. Diese Taten standen in einem engen Zusammenhang mit jener Ausraubungsfantasie, die sich gegen den Körper der Mutter richtete. Alle, die das Rheingold oder den Ring entrissen haben, haben deshalb Schuld auf sich geladen. Auch Wotan gehört in diese Riege der Schuldigen, indem er Alberich den Ring raubte. Doch diese Schuld ist nicht bewältigt, Wotan hat weder Reue gezeigt, noch sich um eine Wiedergutmachung bemüht. Am Ende vom *Rheingold* ist er vor diesem Schuldkomplex mittels einer Wunsch erfüllenden Fantasie, der Regenbogenbrücke, in eine vermeintlich sichere Burg geflohen. Doch eine Flucht in die Imagination stellt keine Lösung dar, der Schuldkomplex bleibt virulent und wird die Person immer wieder zu neuerlichen Abwehrmaßnahmen herausfordern.

So erleben wir hier in der Walküre eine neuartige Form der Schuldabwehr Wotans. Wir erleben eine Delegierung der Schuld vom Vater auf den Sohn mittels Implantierung. Wie diese unbewusst verlaufende Transaktion von Wotan zu Siegmund vonstatten geht, zeigt uns die Opernhandlung.

Als ein Geschenk des Vaters nimmt Siegmund jubelnd das unbesiegbare Schwert an sich. Was er nicht ahnt, ist, dass er zusammen mit dem Schwert noch viel mehr übernimmt. Denn das Schwert liegt in der Tat nicht einfach lose da, sondern ist fest verbunden, ja man müsste sagen, fest verklebt mit jener unbewältigten Schuld Wotans, die im Bild der verletzten Weltesche enthalten ist. Wenn wir uns vergegenwärtigen, dass der Baumstamm ein alt bekanntes mythisches Symbol für den Mutterleib ist, der hier vom Schwert Wotans durchbohrt worden ist, so erschließt sich der Sinngehalt dieses Bildes unmittelbar. Das Bild des von Wotan in den Baumstamm hineingestoßenen Schwertes symbolisiert Wotans Urschuld, nämlich die Aggression gegen den Körper der Mutter. Diese Urschuld wird nun weitergereicht, und zwar durch ihre Einpflanzung in die Psyche Siegmunds. Diese Form von Einpflanzung in das Innere einer Person finden wir nahezu konkretistisch dargestellt durch die Einpflanzung eines Baumes in das Innere eines Hauses.

Damit dieser Vorgang erfolgreich abgeschlossen werden kann, bedarf es allerdings einer entgegenkommenden Aktivität vonseiten des Empfängers. Siegmund muss in einem Akt der Introjektion den ihm übermittelten Schuldkomplex in sein Inneres hineinnehmen und dort verankern. Das geschieht im Bild mit jenem Zuck, mit dem er das Schwert zusammen mit dem an ihm klebenden Schuldkomplex in Besitz nimmt. Am Lebensbeginn ist solch eine Introjektion ein ganz natürlicher Reflex, da das Neugeborene gar nicht anders kann, als sich mit der unbewussten Welt seiner Eltern zu identifizieren. Es reagiert gleichsam seismografisch auf die phantasmatischen Wünsche und Rollenzuweisungen, die die Eltern in ihrem Innern gegenüber ihrem Kind ausgebildet haben. Wie ein Schwamm saugt das Kind sie auf. So auch Siegmund. Siegmund hat sich die unbewussten Wünsche Wotans zu eigen gemacht, dass der Sohn stellvertretend für den Vater die unerträglichen Schuldgefühle und die Fragmentierungsängste durchleiden und die Strafe für die Schuld auf sich nehmen möge.

Man kann etwas von diesem Unheil bringenden Transmissionsvorgang auch in der Musik wiederfinden. Als Siegmund (1. Aufzug, 3. Szene) am

Herdfeuer allein zurückbleibt und die Worte »Ein Schwert verhieß mir der Vater, ich fänd' es in höchster Not« spricht, erklingt mehrere Male das Schwert-Motiv, aber seltsamerweise nach Moll gewendet. Zugleich ertönt dumpf von den Pauken geschlagen das Hunding-Motiv, also das Motiv desjenigen Rächers, der ihm kurz zuvor den Tod angedroht hat. Diese Verschränkung beider Motive kann durchaus so verstanden werden, dass die Musik hier mit ahnungsvollem Gespür ausdrückt, dass von diesem Schwert, von diesem väterlichen Phallus, kein Heil, sondern eine dunkle Gefahr (Moll) und eine Todesdrohung (Hunding-Motiv) ausgeht. Es klebt etwas Unheilvolles an diesem Schwert, das nicht aus höchster Not erretten, sondern den Tod bringen wird.

Fricka hatte im Grunde genau erkannt, dass zwischen Vater und Sohn der Mechanismus der psychischen Implantation (projektive Identifikation) am Werke ist, indem sie Wotan vorwarf, dass es seine eigenen Regungen sind, die in Siegmund wirksam geworden sind. Sie sprach von der »Gunst« Wotans, die in Siegmund gewirkt hat. Zugespitzt formulierte sie: »[I]n ihm treff ich nur dich.« Jetzt wissen wir, welche »Gunst« Wotans in Siegmund gewirkt hat. Es ist Wotans ungelöster Schuldkomplex, den er durch den unbewussten Vorgang einer projektiven Identifizierung in den Sohn eingelagert hat. Das Schwert, von dem sich Siegmund erhofft hatte, dass es ein wirksames Instrument der Abwehr gegen Verfolger sei und folglich sein Ich stärken helfe, hat seine Tugend der Unbesiegbarkeit eingebüßt, weil der unbewältigte Schuldkomplex des Vaters an ihm klebte. Diese väterliche Hypothek barg den geheimen Auftrag, für den Vater ein Opfer zu bringen und stellvertretend für ihn die Fragmentierung des Selbst zu erleiden.

Dieser interpersonale Vorgang einer Implantierung scheint nicht nur für Wotan spezifisch zu sein, sondern ist vermutlich auch dem Schöpfer dieser Figur nicht fremd. Ohlmeier hat in seinem Aufsatz »Die Grenzenlosigkeit bei Wagner« (2009) diesen Mechanismus der Implantierung ebenfalls am Werke gesehen, indem er bezüglich Wagners »unendlicher Melodie« anmerkt: »Er [Wagner] ›pflanzt‹ seine Melodie dem Rezipienten ein, sodass dieser von ihr intrapsychisch beherrscht, obsediert wird« (S. 90). Eine gleichartige Einpflanzung haben wir hier zwischen Wotan und Siegmund erlebt.

Nun ist es aber an der Zeit, uns mit den Walküren, speziell mit der

Walküre Brünnhilde eingehender zu befassen, die ja dieser Oper ihren Namen gegeben hat.

6. Wotans Introjekt-Pathologie enthüllt sich

Bei den Walküren handelt es sich um uneheliche Töchter Wotans, die er mit der Urmutter Erda gezeugt hat. Brünnhilde ist nur eine von insgesamt neun Walküren, die in einer Art Schwesternschaft zusammenleben. Sie gelten als Halbgöttinnen.

Walküren sind merkwürdige Wesen. Sie vereinigen Eigenschaften in sich, die, bei genauerem Hinsehen, nicht wirklich zueinanderpassen. Zum einen sind sie kämpferische Amazonen, deren Aufgabe darin besteht, die gefallenen Helden von den Schlachtfeldern aufzulesen und nach Walhall zu bringen, wo sie dereinst Wotan im Kampf gegen Alberich zum Sieg verhelfen sollen. Zum anderen sind sie klösterliche Jungfrauen, die darauf verzichtet haben, sich mit einem Mann zu vermählen. Ihr göttlicher Bräutigam ist Walvater Wotan, dem sie absolut gehorsam und auf ewige Zeiten zu Diensten sind. Und schließlich wirken sie – zumindest bei Richard Wagner – wie kleine brave Töchter, die am liebsten beim Papi auf dem Schoß sitzen und als »magdliche Blume« nichts lieber tun, als dessen geheimste Wünsche zu erraten und in Erfüllung gehen zu lassen. Kurzum: Sie erscheinen als erwachsene Frauen, sind aber eigentlich kleine vatergebundene Töchter. Sie haben das familiäre Umfeld ihrer frühen Kindheit nie verlassen. Sollten diese Wunschwesen der Fantasie eines Vaters entsprungen sein, der seine Töchter am liebsten im Modus frühkindlicher symbiotischer Gebundenheit festhalten möchte?

Brünnhilde hat den walkürischen Tugenden zuwidergehandelt, indem sie Wotans Befehl missachtete und sich im Kampf Siegmunds gegen Hunding auf die Seite des Wälsungen geschlagen hat. Dieser töchterliche Ungehorsam hat Wotan über die Maßen wütend gemacht und zu einer Bestrafungsaktion schreiten lassen, die für Brünnhilde schmachvollste Erniedrigung bedeutet. Nicht nur, dass sie ihren göttlichen Status verliert, nein, sie soll zudem unter den menschlichen Frauen die niedrigste sein und der Verachtung anheimfallen: Am Herd soll sie sitzen und spinnen, zum Gespött aller Menschen. Der erstbeste Mann, der vorbeikommt, soll sie nehmen dürfen, sie bleibt ihm rechtlos und wehrlos ausgeliefert.

Nachdem Brünnhilde sich vom ersten Schock über dieses harte Strafgericht erholt hat, beginnt sie ihr Verhalten damit zu rechtfertigen, dass sie eigentlich nur des Vaters Befehl ausgeführt habe. Wotan korrigiert sie und erinnert sie daran, dass er seine ursprüngliche Weisung wieder zurückgenommen hat. Brünnhilde nimmt diese Worte zum Anlass, die ebenso wahre wie entlarvende Aussage zu treffen:

> *Brünnhilde*
> Als Fricka den eignen Sinn dir entfremdet;
> da ihrem Sinn du dich fügtest, warst du selber dir Feind.

Wie wir Wotan bis dahin kennengelernt haben, würden wir erwarten, dass eine derartige Majestätsbeleidigung ein zorniges Aufbrausen nach sich zieht. Doch das geschieht erstaunlicherweise nicht. Stattdessen bestätigt Wotan, dass er sich richtig gesehen fühlt. Was ihn so über die Maßen erregt hat, ist, Wotan zufolge, nicht so sehr die Tatsache, dass Brünnhilde trotzig war, sondern dass sie durch ihr Verhalten etwas verraten hat, was bislang ihrer beider gehütetes Geheimnis war. Damit nähern wir uns einem zweiten psychopathologischen Befund dieser Oper. Unzählige Male habe ich darüber hinweggelesen bzw. hinweggehört und es schlicht und einfach nicht verstanden, was Wotan und Brünnhilde im Folgenden offenlegen. Folgen wir ihren Worten:

> *Brünnhilde*
> Nicht weise bin ich, doch wußt' ich das eine,
> daß den Wälsung du liebtest.
> Ich wußte den Zwiespalt, der dich zwang,
> dies eine ganz zu vergessen.

Es gibt also einen Zwiespalt in Wotan, der ihn zwingt, »dies eine«, also die Wälsungenliebe, ganz zu vergessen. Irgendeine Kraft zwingt Wotan, der Stimme seines Herzens nicht folgen zu dürfen, sondern einem anderen Willen gehorsam zu sein. Brünnhilde wusste offenbar um diesen für Wotan unüberwindlichen Zwiespalt und hat sich dennoch dafür entschieden, nicht dem explizit geäußerten Befehl zu folgen, sondern sich auf die Seite von Wotans Wälsungenliebe zu stellen. Dies begründet sie folgendermaßen:

Brünnhilde (leise beginnend)
Weil für dich im Auge das eine ich hielt,
dem, im Zwange des andren schmerzlich entzweit,
ratlos den Rücken du wandtest!
Die im Kampfe Wotan den Rücken bewacht,
die sah nun das nur, was du nicht sahst:
Siegmund mußt' ich sehn.

Brünnhilde stellt sich als jenes andere Auge Wotans dar, das dem Vater nicht zur Verfügung steht. Doch diese Identifizierung mit dem anderen Auge kann Wotan offensichtlich überhaupt nicht schätzen, und zwar deswegen nicht, weil sie ihm unerträgliche Qualen bereitet, wie er im Folgenden eindringlich schildert.

Wotan
So tatest du, was so gern zu tun ich begehrt,
doch was nicht zu tun, die Not zwiefach mich zwang?
So leicht wähntest du Wonne des Herzens erworben,
wo brennend Weh' in das Herz mir brach,
wo gräßliche Not den Grimm mir schuf,
einer Welt zuliebe der Liebe Quell
im gequälten Herzen zu hemmen?
Wo gegen mich selber ich sehrend mich wandte,
aus Ohnmachtsschmerzen schäumend ich aufschoß,
wütender Sehnsucht sengender Wunsch
den schrecklichen Willen mir schuf,
in den Trümmern der eignen Welt
meine ew'ge Trauer zu enden.

Nun ist es ausgesprochen. Was Brünnhilde leicht gefallen ist – sich auf die Seite des liebenden Herzens zu stellen –, hat Wotan in schlimmste Qualen gestürzt. Er schildert sie als »Ohnmachtsschmerzen«, als

»brennendes Weh«, als »gräßliche Not«, die für ihn derartig unerträglich waren, dass er nur noch den einen Wunsch hatte, »in den Trümmern der eigenen Welt zu enden«. Diese Schilderung seiner Qualen macht offenkundig, dass in Wotans Reaktion auf Brünnhildes Trotz mehr enthalten ist als bloßes Gekränktsein oder Ärger über den töchterlichen Ungehorsam. Nein, Brünnhildes Verhalten hat Wotan in eine reale psychische Krise gestürzt, die ein spezifisches Leiden offenbart. Was Wotan hier an Qualen beschreibt, ist fraglos als eine Symptomschilderung zu betrachten. Es handelt sich um jene Verzweiflung, die ein Mensch erleidet, der einen unlösbaren Konflikt in sich trägt, und zwar einen Konflikt, der zwischen einem machtvollen Introjekt und einem schwachen autonomem Ich besteht. Mit anderen Worten, Wotan birgt in seinem Innern ein nicht ins Ich assimiliertes bösartiges Introjekt. Dieses Introjekt ist wie ein abgekapselter fremder Wille, der nicht beeinflussbar ist. Wir haben dieses maligne Introjekt externalisiert als ein unerbittliches Fricka-Ich kennengelernt, das Wotan in die Knie gezwungen und ihm »den eigenen Sinn entfremdet« hat. Daraus, dass sich dieses destruktive Introjekt eine abgekapselte Eigenständigkeit erhalten hat, bezieht es seine Macht. Es zwingt das autonome Ich in die totale Identifikation, andernfalls kommt es zu jenen unerträglichen inneren Spannungen, die Wotan soeben beschrieben hat. Beziehen wir diesen Befund auf die frühkindliche Ichentwicklung, so mag uns dieses Introjekt als ein frühes sadistisches Über-Ich erscheinen.

Die Kenntnis dieser spezifischen Pathologie öffnet uns fraglos die Augen für eine ganze Reihe an Vorkommnissen, die uns bislang unverständlich geblieben sind und unverständlich bleiben mussten. Ich kann hier nur einige aufführen. Beginnen wir mit Wotans Walkürenbeziehung, speziell derjenigen zu Brünnhilde.

Solange Brünnhilde durch ihren absoluten Gehorsam Wotans innere Identifizierung mit diesem Fremdwillen gestützt hat, ist der innere Zwiespalt nicht aufgebrochen. Doch indem sie im Falle Siegmunds die unerbittliche Forderung dieses Fremd-Ichs missachtete und ihr zuwiderhandelte, indem sie sich auf die Seite von Wotans autonomem Willen, der Stimme seines Herzens stellte, hat sie Wotan dieser unerträglichen inneren Spannung ausgesetzt. Damit dürfte klar sein, welche grundsätzlichen Aufgaben und Funktionen die Walküren in Wotans innerpsychischem

Haushalt zu erfüllen haben. Die Walküren sorgen durch ihren strikten Gehorsam dafür, dass Wotans inneres Dilemma ruhig gestellt bleibt. Die Funktion der Walküren ist die einer Parentifizierung, d. h., sie haben dafür Sorge zu tragen, dass der Vater keine inneren Turbulenzen erlebt, sondern sich stets in einem ausbalancierten psychischen Gleichgewicht befindet. Die Walküren sind Wotans psychische Schutztruppe, die als eine »institutionalisierte Abwehr« (Mentzos 1976) das Aufbrechen des inneren Konflikts in Wotan verhindern sollen. Das erklärt die Paradoxie dieses Berufsstandes, dass sich erwachsene Frauen wie brave kleine Töchter benehmen.

Die Existenz eines machtvollen destruktiven Introjekts lässt uns nun auch verstehen, warum Wotan, der mächtigste Mann der Welt, damals im Streitgespräch mit Fricka förmlich dekompensiert ist. Bei diesem Ehestreit handelt es sich nicht um ein äußeres Geschehen, sondern um einen innerpsychischen Vorgang, der nach außen externalisiert wurde. Dabei verkörpert Fricka jenes machtvolle Introjekt, jenen eingekapselten Fremdwillen, der Wotans autonomes Ich in die Unterwerfung gezwungen hat.

Und es gibt auch ein musikalisches Motiv für jenes Fricka-Ich, jenes machtvolle Introjekt im Innern Wotans. Dieses Motiv wird abwechselnd entweder »Vertrags-Motiv« oder Speer-Motiv« genannt. Dieses Leitmotiv wird also auf Wotans Speer bezogen, auf dessen Schaft alle ihn bindenden Verträge eingeritzt sind. Was symbolisiert der Speer? Als ein Phallussymbol steht der Speer für Potenz, Kraft und Autonomie, die seinen Besitzer auszeichnen. Doch Wotans Speer ist offensichtlich mit einer signifikanten Einschränkung behaftet. Er kann nicht frei schalten und walten, sondern ist durch Verträge gehemmt. Mit anderen Worten, der Träger dieses Phallus ist nicht frei in seinen Handlungen, sondern er ist gleichsam »vertraglich« gebunden. Wir wissen mittlerweile, woran er vertraglich fest gebunden ist, nämlich an die Forderungen eines machtvollen Introjekts. Der Riese Fasolt hält diese fehlende Autonomie Wotan einmal verächtlich vor: »Alles, was du bist, bist du nur durch Verträge« – eine Einschätzung, die nichts anderes besagt, als dass Wotans autonomes Ich sich in den Klauen eines Fremdwillens befindet, der im Innern Wotans alle Macht in Händen hält.

Es ist vor allem die laute, martialische Version des sog. Vertrags-

Motivs, die das Niederdrückende und in die Unterwerfung Zwingende eines Introjekts sehr plastisch abbildet. Dieses Motiv erklingt sowohl zu Frickas unerbittlicher Forderung »Der Wälsung fällt meiner Ehre« als auch zu Siegmunds Tod, also der grausamen Vollstreckung der Forderung des Introjekts. Damit kommt diesem Speer-, respektive Vertrags-Motiv noch eine weitere, eine dritte Bedeutung zu: Es erweist sich als ein Introjekt-Motiv.

Speer-/Vertrags-/Introjekt-Motiv

Eine aufschlussreiche Variante dieses Introjekt-Motivs erklingt (2. Akt, 1. Szene), als Wotan von der so notwendigen Tat eines freien Helden spricht, einer Tat, die ihm zu wirken verwehrt ist. Warum ist dieser Göttervater kein freier Held und warum ist ihm die freie Tat verwehrt? Weil ihm als introjektgebundenem Menschen die Entwicklung eines autonomen Selbst nicht möglich ist. Diese Tatsache bildet sich in der Musik ab. Es läuft bei dieser Motivvariante in polyphoner Imitation eine Stimme hinter der anderen her, und zwar im Anschluss an Wotans Worte »die Tat, die [...] dem Gott doch zu wirken verwehrt«. Wir könnten diese Motivvariante ein Introjekthörigkeits-Motiv nennen.

Introjekthörigkeits-Motiv

Die Musik diagnostiziert also völlig richtig: Wotans autonomes Ich ist gezwungen, dem mächtigen Introjekt-Ich folgsam hinterherzulaufen.

Damit schließt sich der Kreis. Wie anfangs angekündigt, hat sich

Wagners *Walküre* als eine Oper geheimer psychischer Transmissionen aufgrund von fehlenden Selbstgrenzen zwischen Wotan und seinen Kindern erwiesen. Durch einen unbewussten Vorgang der projektiven Identifikation ist Wotans unbewältigte Schuld in die Psyche des Sohnes eingepflanzt worden, zusammen mit dem geheimen Auftrag, stellvertretend für den Vater die gefürchtete mütterliche Rache zu erleiden. Siegmund muss sterben, weil pathologische Strukturen in der Person des Vaters die nachfolgende Generation dafür vereinnahmt haben, ihr Leben in den Dienst der psychischen Entlastung des Vaters zu stellen.

Literatur

Klein, Melanie (1935): Beitrag zur Psychogenese der manisch-depressiven Zustände. GS, Teil I, Bd. 2 (1996), S. 29–76.

Mentzos, Stavros (1976): Interpersonale und institutionalisierte Abwehr. Frankfurt a. M. (Suhrkamp).

Oberhoff, Bernd (2011): Richard Wagner: Das Rheingold. Ein psychoanalytischer Opernführer. Gießen (Psychosozial-Verlag).

Ohlmeier, Dieter (2009): Die Grenzenlosigkeit bei Richard Wagner. In: Oberhoff, B. & Leikert, S. (Hg.): Opernanalyse. Musikpsychoanalytische Beiträge. Gießen (Psychosozial-Verlag).

Pahlen, Kurt (1982): Richard Wagner: Die Walküre. Kompletter Text und Erläuterung zum Verständnis des Werkes. Mainz (Schott).

Wapnewski, Peter (1998): Der Ring des Nibelungen. Richard Wagners Weltendrama. München/Zürich (Piper), 2007.

Wenn Mephisto an die Haustür klopft

Über das Unheimliche in der Musik[1]

Hannes König

In der Musik gibt es Klänge, die lösen scheinbar bei allen Hörern Unbehagen aus. Zumindest erzeugen sie brüskiertes Erstaunen. Mir geht es immer so, wenn ich die Tremoli am Beginn einiger Brucknersinfonien höre. Sie bezeichnen in Bruckners religiöser Symbolik das Tohuwabohu der Unendlichkeit, bevor Gott Weltordnung und Zeit schuf. Das klingt ziemlich unheilvoll, aber unheimlich ist das nicht. Sigmund Freud (1919h) definierte das Unheimliche als jene Art des Schreckhaften, die auf das Altbekannte und Längstvertraute zurückgeht. Damit meinte er die drohende Wiederkehr von etwas Verdrängtem. Es gibt Kompositionen, die haben dieses Grauen zum Thema: Eines der berühmtesten Beispiele ist *Eine Nacht auf dem kahlen Berge* von Modest Mussorgski. Hier wird ein Hexensabbat vertont, und obwohl es bei der Teufelsfeier ziemlich schaurig zugeht, hält sich das Schaudern doch in Grenzen. In sinfonischen Dichtungen, in denen Mephisto sein Unwesen treibt, soll uns die Erscheinung von Tod und Teufel das Blut in den Adern gefrieren lassen, allerdings ist das Ergebnis häufig ernüchternd. Andere Werke sind diesbezüglich deutlich verlässlicher, z.B. die sinfonische Dichtung *All Hallows Eve* von meinem guten Freund Patrick Srkal. Das Unheimliche taucht dort gleich zweifach auf: zum einen im Plot, dem *Programm* der Dichtung, und zum anderen – das ist das Beson-

1 Ich danke Frau O.Univ.-Prof. MMag. Dr. Jutta Menschik-Bendele und Univ.-Prof. Mag. Dr. Oliver Vitouch ganz herzlich dafür, dass sie mich beim Entstehungsprozess dieses Beitrages unterstützt haben.

dere – auch in der Art, der *Technik* der Komposition. Wie aber gelingt es einem Komponisten, sein unheimliches Programm auch unheimlich erklingen zu lassen? Was ist das Geheimnis der unheimlichen Werke? Manche sagen, Schönberg habe das Unheimliche in die Musik gebracht. Der Gedanke klingt zunächst logisch: Wenn das Verlassen der musikalischen Weltordnung Unbehagen auslöst, wer könnte dann schauriger sein als Schönberg? Wir werden sehen: Das ist ein Irrglaube.

Musik und die »psychische Harmonie«

Bekanntermaßen existiert heute noch keine einheitliche psychoanalytische Theorie der Musik (Oberhoff 2002). Das mag vielleicht am komplizierten Forschungsgegenstand liegen: Wegen ihrer Unmittelbarkeit scheitert der Versuch, sie so festzuhalten wie Sprache auf dem Papier. Ihre Symbolsprache versteht nicht jeder, und selbst bei denjenigen, die eine Partitur lesen können, bleibt die Ergriffenheit während der Lektüre von etwa Beethovens *Neunter Sinfonie* bescheiden – wir müssen da schon das Orchester und den dazugehörigen Chor hören, damit das passiert, was jeder von uns kennt: das Versinken in den Klängen. Musik spricht unsere Affekte an (Crisan 1999), sie löst unser Gefühl für Zeit auf (Walter 1957), sie ist die »Verbindung zum Unsichtbaren« (Silber 2003, S. 80) und ihrer Wirkung können wir uns nur selten entziehen. Sie stellt eine emotionale Verbindung zu uns her, tritt mit unserem Unbewussten in Kontakt und löst Prozesse aus, die nicht bewusst steuerbar sind (Knappe 2004).

Der Ursprung, die Bedeutung und der Genuss an der Musik haben nach gängiger analytischer Auffassung ihre Wurzeln im vorsprachlichen und vorlogischen Erleben. Wenn Oberhoff (2002, S. 18) von der *präverbalen Kommunikationsperiode* als dritter Phase der psychoanalytischen Beschäftigung mit der Musik spricht, meint er damit das Verständnis der Musik neben Triebkraft und Ichfunktion als Ausdruck »einer spezifischen affektiven Kommunikation, die eine hohe Affinität zur frühen Mutter-Kind-Beziehung aufweist«. Die Beschreibungen dieser eng verbundenen Beziehung, die im Mutterleib beginnt und mit der Geburt keineswegs beendet ist, haben sich zunächst an dem von Freud (1930) angesprochenen Konzept des *ozeanischen Gefühls* orientiert, womit er ein allmächtiges

Gefühl eigener Unbegrenztheit meinte und zur paradiesischen Auffassung des intrauterinen Lebens riet. Unterschiedliche Analytiker haben für diesen als idyllisch postulierten ersten Lebensraum des Menschen unterschiedliche verheißungsvolle Bezeichnungen gefunden: Für Nitzschke (2002) herrscht in der Erfahrungswelt des Säuglings zwischen Mutter und Kind ein *Urdialog* engster emotionaler Verbundenheit; in dieser *Symbiose* (Mahler et al. 1975) ist die *Mutter-Kind-Dyade* (Spitz 1965) das *Urbild der Harmonie* (Grunberger 2001). Die Geburt ist die »apokalyptische Katastrophe« (Funke 2006, S. 179), die diesen elysischen Zustand beendet und deshalb traumatisch ist. Die verschiedenen narzisstischen Konzepte betonen die lebenslange Sehnsucht, dieses »fötale Drama« (deMause, zit. n. Funke 2006, S. 108) rückgängig zu machen und in den himmlischen Zustand psychischer Harmonie zurückzukehren, doch mit der pränatalen Forschung tauchten neue Ergebnisse auf, welche die klassischen Narzissmustheorien vor ein handfestes Problem stellten (Funke 2006): Eigentlich ist der intrauterine Raum für den Fötus gar nicht so konfliktfrei und harmonisch, wie man lange Zeit dachte. Ganz im Gegenteil: Der Mutterleib ist in Wirklichkeit – gerade im späteren Drittel der Schwangerschaft – ein ziemlich ungemütlicher und schmerzhafter Aufenthaltsort! Deshalb plädiert Funke (2006) dafür, die regressiven Tendenzen zur Rückkehr in den Uterus als Sehnsüchte nach pränataler Einheitserfahrung und Verschmelzung mit der Mutter zu verstehen, bei denen trotz allem das Bedürfnis nach Sicherheit und insbesondere das Gefühl der Verbundenheit eine besondere Rolle spielen. Nach der traumatischen Geburtserfahrung wird der intrauterine Zustand durch den Prozess der Idealisierung nachträglich in der Fantasie zum uneingeschränkten Paradies stilisiert, auch wenn dieses fantasierte Elysium wohl niemals wirklich existiert hat. Analytische Musiktheorien beschäftigen sich nun u. a. damit, wie und warum es Musik schafft, in uns die Tore zu diesem idyllischen Ort der harmonischen Verschmelzung zu öffnen.

Symbolisierung

Auch Dieter Tenbrink (2000) beschäftigt sich mit der Fähigkeit von Musik, regressive Sehnsüchte auszulösen, stellt sie aber nicht in den

Kontext des Narzissmus, sondern der *Symbolisierung*: Präverbale Kommunikations- und Erfahrungsmuster sind sowohl vor als auch nach der Geburt vorhanden, werden dem späteren Bewusstsein aber nur zugänglich, wenn sie in Form von nachträglicher Transformation symbolisiert werden. Da sich die Fähigkeit erst um das zweite Lebensjahr herum entwickelt, sammelt sich in der Zeit vor ihrer Ausprägung ein ungemein großer Fundus an Erleben und Erfahren, das vorsprachlich und vorsymbolisch ist und daher »keiner direkten oder unmittelbaren Symbolisierung unterworfen ist« (Tenbrink 2000, S. 454). *Transformation* meint die geglückte *nachträgliche* Symbolisierung, durch welche die wegen ihrer primärprozessorischen Organisation nicht fassbaren Erfahrungen dem Bewusstsein zugänglich gemacht werden, und ist deshalb immer mit einer Veränderung des Selbst verbunden. Und weil – wie Dornes (2001) schrieb – all das wiederholt werden muss, was nicht symbolisiert wurde, sieht Tenbrink (2000) in der Transformation einen lebenslangen Drang des Menschen, die vorsymbolischen Erfahrungen durch Symbolisierung zu integrieren: Wir »suchen unbewusst, durch unser präverbales Erlebnismuster gesteuert, ständig nach symbolischen Formen, um diesen Mustern und Erfahrungen nachträglich einen fassbaren Ausdruck zu verleihen oder ihnen eine symbolische Form zu geben« (Tenbrink 2000, S. 455). Als wichtige Voraussetzung für eine gelingende Symbolisierung nennt er den *Übergangsraum*, meint damit aber das Konzept des *Potenzialraums* von Winnicott (1971), und das funktioniert auch nur, wenn ein ausgeprägtes Maß an *Holding* (Winnicott 1974) zur Verfügung steht, was während des Symbolisierungsprozesses als solide Basis an Unterstützung für ein behütendes Gefühl der Sicherheit sorgt. Tenbrink (2002) zufolge kann Musik nur dann zum Übergangsraum für Symbolisierung werden, wenn sie es schafft, sich durch ihre besondere Qualität aus einem *objektiv wahrnehmbaren Objekt* im Prozess der *primären Kreativität* zu einem *subjektiven Objekt* zu verwandeln. Dann wird die Musik nicht nur zu einer Verlängerung des Selbst, sondern zu einem *Teil* des Selbst, und beim Zuhörer stellt sich das ein, was Mätzler (2001, S. 84) »identifikatorisches Glück« nennt. Musik geht dann tatsächlich *unter die Haut*: Sie fährt direkt in unsere Seele und spannt einen Raum von Unbewusstheit zwischen sich und dem Hörer auf, in dem das Potenzial liegt, Transformationsprozesse wirken zu lassen.

Was dem Eindringen der Musik entgegenwirkt, ist die *individuelle Abwehrorganisation*, der Tenbrink (2004) besonderen Stellenwert zuschreibt. In ihrer zweifachen Ausprägung (primäre, sekundäre Abwehr) verbindet er sie mit dem Dilemma des Säuglings bei suboptimaler Beziehungsqualität zur Bezugsperson: Kann sich die Bezugsperson nicht hinreichend als *subjektives Selbst* zur Verfügung stellen, um vor Schmerz- und Unlustgefühlen zu bewahren, muss sich der Säugling einerseits vor der quälenden Qualität der Beziehung zu ihr schützen, muss die fatale Beziehung aber gleichzeitig wegen der völligen Abhängigkeit aufrechterhalten. Daraus resultieren Nähe- und Distanztendenzen, die bei pathologischem Ausgang in der strikten Distanzierung enden: Der Säugling errichtet die Mauer der *primären Abwehr*, um sich nicht auf die schonungslose Nähe zur verhängnisvollen Bezugsperson einzulassen. Durch die primäre Abwehr werden Nähe suchende Teile vom wahren Selbst abgespalten und eingefroren, führen zur Selbstverleugnung im Dienste der Aufrechterhaltung der Beziehung, benötigen aber als Ausgleich Kompensationen, um die schmerzhafte Erfahrung der Spaltung und Verleugnung nicht an sich heranzulassen: Eine sekundäre Abwehrleistung wird notwendig. Eigentlich würde eine gesunde Entwicklung mit der Ausbildung eines wahren Selbst aufgrund gesunder symbiotischer Erfahrungen inklusive nachträglicher Abwehr von archaischen Selbst-Abkömmlingen eine zweite Abwehr überflüssig machen. Finden Störungen aber auf der Ebene der *Grundstörung* von Balint (1968) statt, kommt es bereits zur primären Abwehr, *bevor* ein entsprechender gesunder symbiotischer Erfahrungsschatz überhaupt gesammelt werden konnte. Die Sekundärabwehr richtet sich in diesem Fall gegen bereits pathologisch verformte Anteile des Selbst, die eine Beeinträchtigung auf der Ebene der Grundstörung ursprünglich hätten ausgleichen sollen. Eine solche Abwehrformation ist nach Tenbrink (2004) in jedem von uns ausgebildet, weil von einer komplett beeinträchtigungsfreien Umwelt bzw. Bezugsperson in der frühesten Erfahrungszeit bekanntermaßen nicht ausgegangen werden kann. Hier bringt er die Musik ins Spiel: Sie kann die Abwehr auflockern, und wenn sie es an ihr vorbeischafft, führt sie zur regressiven Wiederbelebung oder Intensivierung pathologisch verformter Erfahrungsbildungen.

Das »symbolische Potenzial«

Schon Knappe (2004) hat darauf hingewiesen, dass es deshalb von zwei Faktoren abhängt, inwieweit die Symbolisierung gelingt: erstens vom Maß der Abwehrorganisation des Hörers (hier greift er auf Tenbrink 2004 zurück) und zweitens von der Fähigkeit der Musik, die Tore ins Unbewusste überhaupt erst zu öffnen. Diese Eigenschaft nennt er das *unbewusste Potenzial*, hat sich aber meiner Meinung nach in der Terminologie vergriffen. Mir erscheint es wesentlich plausibler, vom *symbolischen Potenzial* zu sprechen, und ich meine damit nicht nur die Fähigkeit von Musik, eine Verbindung zu unserem Unbewussten herzustellen (*unbewusstes* Potenzial suggeriert diese Art der Verbundenheit), sondern ihr spezielles Vermögen, in uns Symbolisierungsprozesse auszulösen. Prinzipiell schafft es jede Musik, eine Verbindung zu unserem Unbewussten aufzubauen, je nachdem, welche Bedeutung sie als subjektives Objekt für uns gewinnt (Tenbrink 2002). Das bedeutet nicht, dass es auch zur Symbolisierung kommen muss. In diesem Fall dringt Musik in unser Unbewusstes ein und knüpft dort an Fantasien und Gefühle an, die dadurch nicht *integriert*, sondern lediglich *frei* werden. Es entspricht mehr einer *kathartischen Abreaktion* und das passiert auch dann, wenn das symbolische Potenzial niedrig ist. Dieser kathartische Teilaspekt des symbolischen Potenzials betrifft die Fähigkeit von Musik, uns ergriffen zu machen, Gänsehaut zu verschaffen oder zu Tränen zu rühren. Darin liegt die tiefe emotionale Bedeutung, die Musik ganz offenkundig für jeden von uns hat: Durch Musik verarbeiten wir regressive Sehnsüchte nach Rückkehr in jenen paradiesischen Urzustand narzisstischer Verschmelzung, den ich oben als nachträglich idealisiertes Elysium bezeichnet habe. Allerdings muss das Symbolpotenzial für eine gelingende Symbolisierung wesentlich stärker sein, um an die pathologischen Selbstabkömmlinge hinter der primären und sekundären Abwehr überhaupt heranzukommen: Je höher das symbolische Potenzial und je durchlässiger die Abwehr ist, desto tiefer kann Musik in unser Unbewusstes eindringen und Transformationen auslösen.

Im Gegensatz zum kathartischen Teilaspekt ist das symbolische Potenzial nichts Individuelles: Es wird dann höher und steigt auf ein funktionales Niveau, wenn die transportierende Musik stärker *vom Unbewussten durchdrungen* ist. Typische Eigenschaften des Unbewussten sind nach Müller-Pozzi (1995):

- vorsprachliche Funktionsweise;
- Primärprozesslastigkeit, die aufgrund ihres bewusstseinsunfähigen Materials keinen Zugang zur Sprachlichkeit findet, ohne durch den Sekundärprozess symbolisiert zu werden, und deshalb primär affektiv, körperlich und averbal kommuniziert, ohne dabei je abstrakt werden zu können;
- fehlende zeitliche oder kausale Strukturen, unmittelbares und konkurrenzfreies Vorherrschen des Lustprinzips;
- keine Raumvorstellung und
- keine diskursive Logik.

Es gibt Musik, die diesen Kriterien entspricht (Knappe 2004). Dazu gehören all jene Stile, die sich als moderne Strömungen seit Beginn des 20. Jahrhunderts vom klassischen Dogmatismus, Musik müsse stets *harmonisch* sein, loslösen. Aufgrund ihres radikalen Bruchs mit den musikalischen Konventionen werden diese Formen als »Neue Musik« bezeichnet, obwohl sie von den meisten Menschen nicht einmal als »Musik« empfunden wird (Sterneck 1998). Zu diesem gewöhnungsbedürftigen Genre gehören die »Klangflächenkomposition« (die auch »experimentelle Geräuschmusik« genannt wird, weil ihre Vertreter als Revolution gegen die klassische Konvention die *Geräusche* zu den neuen, bevorzugten Klängen erklären), Schönbergs System der »Zwölftonreihe«, der »Serialismus« von Boulez und andere Kompositionstechniken der untergehenden Romantik bzw. aufsteigenden Moderne. Das Publikum reagiert auf diese Musikformen im Großen und Ganzen mit Ablehnung. In diesen Werken werden die klassischen Prinzipien, von denen unser Musikmarkt Jahrhunderte lang gelebt hat, verlassen: Tonalität und Grundtonbezogenheit, erkennbare Motive und Themen, einheitliche Stimm- und Melodieführung, Rhythmusstabilität und Wiederholungen, Konsequenz und Reproduzierbarkeit. Für die Steigerung der musikalischen Ausdrucksfähigkeit wurde alles abgeworfen, was sich im langen Prozess der musikalischen Zivilisierung an haltbaren Strukturen entwickelt hat. Höheres symbolisches Potenzial geht direkt mit dem

Grad der zerstörten Verlässlichkeit von Struktur und Ordnung einher. Dagegen mobilisiert sich die individuelle Abwehrorganisation des Hörers, weil wahrgenommene Brüche in der Kontinuität von Struktur und Ordnung für den psychischen Apparat etwas sehr Bedrohliches sind. Hören wir diese Art der Musik, werden nicht nur narzisstische Verschmelzungsfantasien wiederbelebt, sondern es kommt auch zu einer Reaktivierung von traumatischen Erfahrungen und Ängsten aus der vorsymbolischen, intrauterinen und frühkindlichen Phase, deren Bedeutung Tenbrink (2000) im Prozess der Symbolisierung hervorhebt: Sie sind aufgrund diverser negativer Erfahrungen in der frühen Entwicklung vom wahren Selbst abgespalten worden, drängen ein Leben lang nach Integration und werden deshalb bei der nachträglichen Transformation reaktiviert. Je höheres symbolisches Potenzial Musik transportiert, desto stärker wird an traumatischen Inhalten gerüttelt, desto massiver muss die Abwehrorganisation gegen das Eindringen dieser Musik hochfahren, um das fragile Selbst zu schützen.

Knappe (2004) hat die Ankündigungskraft der experimentellen Geräuschmusik für frühe Traumatisierungen umfassend beschrieben: Fehlen »musikalische Objekte«, weil definierte Töne, Klänge und Themen nicht vorkommen, repräsentiert die musikalische Instabilität die traumatische Zerstörung der Verlässlichkeit von Versorgung und Schutz durch die Mutter. Leikert (2001) bringt den Musikgenuss deshalb direkt in den Kontext der Verarbeitung von Objektverlusten (primär: der Mutterstimme). Damit ist auch eine Störung des Kontinuitätsempfindens im *autistisch-berührenden Modus* von Thomas H. Ogden (1995) gemeint, in dem das Kind die eigene Oberfläche durch Rhythmus, Gehör und Berührung definiert und bei mütterlicher Vernachlässigung eine *zweite Haut* in Form von Übergangsobjekten sucht. Als eine solche kann Musik einspringen, indem sie zu dem wird, was Anzieu (1996) als *Lauthülle* bezeichnet – Musik übernimmt dann wichtige Funktionen im Sinne von autistischer Selbstberuhigung und Stabilisierung; tauchen darin keine strukturierenden Elemente auf, wird eine drohende Zerstörung der eigenen Oberfläche angekündigt: Dann drohen sich die eigenen Grenzen und die eigene Kontinuität aufzulösen. Dem schützenden Getragen- und Gehaltenwerden durch *psychisches* Holding entspricht das *musikalische* Holding im Sinne musikalischer Grundstrukturen, durch die unser

Musikgenuss verlässlich und reibungslos getragen wird. Ohne ordnende Elemente fehlt mit der Systematik auch gleichzeitig der sichere Halt und dadurch wird der initiierte Symbolisierungsvorgang umso gefährlicher, weil die Voraussetzungen für den Potenzialraum und der damit verbundene störungs- und schmerzfreie Ablauf nicht gegeben sind. In Musik mit hohem symbolischem Potenzial klingen deshalb die traumatischen und schmerzhaften Erfahrungen des intrauterinen Raumes an, die wir durch die nachträgliche Idealisierung zu verdrängen versuchen: drohende Trennung, Vernachlässigung, apokalyptische Zerstörung der Verbundenheit mit der Mutter, Bedrohung des Sicherheitsgefühls, psychische und physische Fragmentierung etc.

Symbolisches Potenzial hat also durchaus eine ambivalente Wirkung: Einerseits werden durch die Musik aktualisierte, narzisstische Fantasien und regressive Sehnsüchte mit höherem symbolischem Potenzial intensiver erlebt; gleichzeitig steigt aber mit höherem Symbolpotenzial die musikalische Ankündigungskraft, frühes traumatisches Material für die Symbolisierung anklingen zu lassen. Als Schutz für die starre und fragmentierte Selbststruktur stellt sich die massive Abwehr als Widerstand in den Weg, die verhindern will, dass das Ich vom traumatischen Material überflutet wird, und deshalb schließen wir gewissermaßen die Schotten – was sich als manifeste Ablehnung von gewissen Musikstilen äußert.

Die psychischen Instanzen der Musik

Die Entschärfung von hohem symbolischem Potenzial gelingt durch Harmonie, und die hängt mit dem Grad an Ordnung zusammen: Der Musikgenuss ist dann zwar (musikalisch gesehen) *harmonisch*, aber nicht tiefgehend, sondern nach Tenbrink (2004) deshalb *harmlos*, weil die Harmonie die Ankündigungskraft für unbewusste Inhalte so dramatisch herabsetzt, dass sich auch die Gegenübertragungswiderstände beim Zuhörer verringern, was allerdings gleichzeitig zu einer Milderung der »Intensität und Tiefe des durch die Musik zum Ausdruck gebrachten (und damit im Zuhörer reaktualisierten) präverbalen Erlebens« (Tenbrink 2000, S. 464) führt. Je einfacher, strukturierter und harmonischer Musik ist, desto bereitwilliger wird man sich darauf einlassen können. Moderne Formen der vokalen U-Musik (Volksmusik, Schlager, Pop, Rock, Hip Hop etc.) haben recht geringe strukturelle Komplexität und wenig psychische Anforderung an den Hörer, wodurch ihre harmonische Stabilität gesichert scheint und wodurch ihr Musikgenuss wesentlich flacher ausfällt als etwa in klassischen Kompositionen, die über höheres symbolisches Potenzial verfügen (z.B. Wagners *Tristan und Isolde* – für viele Zeitgenossen bedeutete der Tristan-Akkord das Ende der Harmonie). Höheres symbolisches Potenzial liegt in den Stilen des Free Jazz, dem Serialismus oder der Zwölftonmusik vor, am höchsten ist das Symbolpotenzial in der experimentellen Geräuschmusik. Wir sehen hier: Die Beliebtheit von Musikstilen scheint umgekehrt umso mehr zu steigen, je niedrigeres symbolisches Potenzial Musik hat. Auf diese Weise haben wir im Wechselspiel zwischen individueller Abwehr und Symbolpotenzial einen Ansatzpunkt für die Popularität von Musikstilen und für die Erklärung gefunden, warum Neue Musik so schrecklich unbeliebt ist.

Betrachten wir die Musikgeschichte unter diesem neuen Blickwinkel, könnte eine unbewusste Motivation hinter der Entwicklung der Harmonielehre darin gelegen haben, das symbolische Potenzial möglichst gering zu halten. Oberhoff (2007) hat unter dem Gesichtspunkt des emotionalen Ausdrucks eine ähnliche ontogenetische Entwicklung für Musik beschrieben, die bei barocker Frigidität beginnt, in der Klassik pubertiert und in der Gefühlsschwärmerei des 19. Jahrhunderts ihren Höhepunkt findet. Bezeichnenderweise spielen in diesem Prozess die harmonischen Grenzen eine wichtige Rolle: Ihre Überwindung bedeutet Reifung – der flache Simplizismus im modernen Musik-Mainstream hingegen ist dekadente Regression. Wenn Musik so einer quasimenschlichen Entwicklung unterliegt, können wir auch für sie die drei psychischen Instanzen Es, Ich und Über-Ich unterstellen. In diesem Fall fassen wir Musik als ein nahezu menschliches Wesen auf, so wie es Parncutt/Kessler (2007, S. 206) ausführlich in ihrem Versuch getan haben, Musik in eine »virtuelle Person« zu verwandeln, »zu der man während des Musikhörens […] in einer virtuellen Beziehung steht«. Nachfolgend möchte ich die drei Instanzen beschreiben:

1. Das *Es* der Musik beinhaltet zum einen jene von mir bereits angedeuteten Sehnsüchte und Prozesse, die beim Musikgenuss im Hörer

ausgelöst werden und die in der psychoanalytischen Literatur gemeint sind, wenn vom *Unbewussten in der Musik* (Oberhoff 2002) die Sprache ist: Verschmelzungs- und Allmachtsfantasien, Identifikation, kathartische Abreaktion, Regression und Übertragung etc. Andererseits fällt von der Seite der Musik her – von der *musikalischen Technik* – ihr Es mit den radikalen, hoch symbolischen Stilen der Neuen Musik zusammen. Den Prototyp musikalischer Unbewusstheit haben wir in der experimentellen Geräuschmusik gefunden: Darin geht es ungeordnet, unstrukturiert und chaotisch zu, und all das erklingt, was eigentlich verboten und peinlich ist.

2. Die Frage nach der Entwicklung des musikalischen *Über-Ichs* fällt mit der unbewussten Motivation hinter der Harmonielehre zusammen: Weil strukturlose Musik immer mit regressiven, verbotenen Fantasien und der Ankündigung von traumatischen Erfahrungen oder Ängsten verbunden ist, muss das symbolische Potenzial unterdrückt werden, also musste umso mehr Ordnung entstehen, je mehr musikalische Möglichkeiten im Laufe der Musikgeschichte auftauchten. Für unser Verständnis von musikalischer Harmonie war die kosmologische Harmonielehre des Pythagoras entscheidend: Er war der Ansicht, das Musik zwar überall sei, beschränkte ihre Universalität allerdings auf das Geordnete und Periodische (Riedweg 2002). Daraus ging die grundlegende Unterscheidung zwischen *Klang* und *Geräusch* hervor, auf der noch heute unser musikalischer Mainstream aufbaut. Die Sphäre der Musik ist die Sphäre des Klanges, und die ist überall dort, wo sie geordnet abläuft – und nach der antiken Sittenlehre hören wir sie auch nur, wenn wir unser eigenes Leben moralisch, d. h. geordnet im Hinblick auf die Konventionen nicht der *Musik*, sondern der *Polis*, führen. Weil musikalische und moralische Reinheit dadurch zusammenfallen, war es selbstverständlich, im Mittelalter die Musik in den Dienst Gottes zu stellen, weil Gott der Inbegriff von Reinheit und Vollkommenheit war – und weil *ER* im christlichen Denken überhaupt erst als kosmologischer Schöpfer Ordnung ins Chaos gebracht hat. Wir hören diese Preisung der göttlichen Ordnungskraft immer dann, wenn sich die Tremoli von Bruckner in Harmonie auflösen. Die Harmonielehre stellt als musikalischer Gesetzeskodex den harmonischen Ausgang sicher.

Sie war als Wohlklang nicht nur Huldigung seiner Allmacht, sondern auch direkter Ausdruck des göttlichen Sinnes für Wahrheit, Schönheit und Erhabenheit. Weil Musik gerade »objektives Abbild einer göttlichen Ordnung« (Oberhoff 2002, S. 97) sein soll, hat bei schrägen Klängen, schrillen Dissonanzen und immer, wenn man die geordneten Bahnen verlässt, der Teufel höchst persönlich seine Finger im Spiel – denn er ist der Geist, der stets verneint und vom rechten Wege ablenkt.

Die Harmonielehre wurde zum potenten Zensursystem für symbolisches Potenzial, deren Unterdrückung man mit dem harmonischen Pietismus gegenüber Gott rechtfertigte. Allerdings verfing man sich dabei in einem Missverständnis, das sich verbal in dem Widerspruch niederschlug, dass man paradoxerweise gerade jene Musik *harmonisch* nannte, die aufgrund ihrer Entschärfung durch Strukturierung flacheren Musikgenuss ergibt und dadurch eine erheblich schwächere Verbindung zu vorsymbolischen Erfahrungen (idealisierter) harmonischer Verschmelzung mit der Mutter herstellen kann. Hier treffen zwei Auffassungen von Harmonie aufeinander, die nicht so recht miteinander vereinbar sind: Die eine Form meint die Verbundenheit mit der Mutter – narzisstische Fantasien, in diesen Zustand zurückzukehren, werden beim Musikhören aktiv und finden umso stärkeren Ausdruck, je höher das symbolische Potenzial ist. Diese »psychische Harmonie« ist ein Inhalt des *Es* der Musik: eine verborgene, unbewusste Bestrebung, ein verbotener, regressiver Drang. »Musikalische Harmonie« ist hingegen ein Inhalt des *Über-Ichs* der Musik: Sie erklärt die Verbundenheit nicht mit der *Mutter*, sondern mit *Gott* zum harmonischen Ideal, nach dem man sich in der Musik zu richten hat, und will für diese Zwecke gerade die psychische Harmonie verhindern, die sich aus jener Musik ergeben könnte, die hohes symbolisches Potenzial hat. Wir erkennen hier den Einfluss von Religion auf die zivilisatorische Entwicklung, wie sie Freud (1912–13a, 1930) für die Gesellschaft spezifizierte und wie ich sie für die Musik ebenfalls erwähnt haben möchte: Zivilisation bedeutet Struktur und Ordnung, für deren Zwecke jene Tendenzen unterdrückt werden müssen, die in diesem System unmoralisch, unpassend und deshalb verboten sind. Das zivilisatorische Verbot erstreckt sich in der Musik über jedes Abweichen von der Norm – deswegen war Komponieren lange Zeit wortwörtlich zu nehmen: als ein Zusammensetzen von kleinen Bausteinen nach festem Grundriss. Damit die Harmonielehre funktioniert, wurden alle Klänge, Abfolgen und Techniken, die nicht in dieses System passten, verboten (mit anderen Worten: *Auch in der Musik wurde anständig verdrängt!*). Für sie war in der musikalischen Werkheiligkeit kein Platz, denn sie störten die unfehlbare Göttlichkeit, die man sich fälschlicherweise einbildete.

3. Zwischen den beiden Formen der Harmonie muss es zwangsläufig zum Konflikt kommen: Musikalische Harmonie ist mit der psychischen Harmonie unvereinbar. Es kann keine Musik mit hohem symbolischem Potenzial geben, die gleichzeitig den Regeln der Harmonielehre entspricht. Das ist ein Widerspruch, mit dem der Musikgenuss schwer zu kämpfen hat. Was wir als musikalischen Ausdruck auf der Konzertbühne hören, ist deshalb immer ein *Kompromiss*: Wie weit darf man musikalisch in Richtung symbiotischer Vereinigung mit der Mutter gehen, ohne dabei die Traumatisierungen zu deutlich anklingen zu lassen? Wie tief darf Musik in uns eindringen und uns berauschen, ohne dass das symbolische Potenzial zu hoch wird? Die Reaktionen des Publikums zeigen es: nicht besonders. Was ist das musikalische *Ich*? Es ist gerade die Konzertbühne, auf der wir den musikalischen Ausdruck als Ergebnis der Vermittlertätigkeit zwischen Es und Über-Ich zu Ohren kriegen …

Das Unheimliche in der Musik

Man könnte sagen: Die Vermittlertätigkeit der »Neuen Musiker« ist gescheitert. Die Hörer sind geschockt, verstört, beleidigt. Hören wir Neue Musik, befinden wir uns abseits der heiligen Ordnung der Töne – wir dürfen uns auf schräge Klänge, scharfe Akkorde und undefinierte Geräusche einstellen. Der Zuhörer meint genau zu wissen, was in die heilige Ordnung der Töne gehört– Schönberg und der Klub der Strukturlosen sind es nicht. Was passiert aber, wenn man sich plötzlich nicht mehr so sicher ist, was in die heilige Ordnung der Töne passt und was nicht? Was geschieht, wenn wir nicht so genau erkennen, ob das, was wir hören, erlaubt und harmonisch ist?

Diese »intellektuelle Unsicherheit« kennzeichnet für Freud (1919h, S. 242) die Argumentation von Ernst Jentsch, der das Zustandekommen des unheimlichen Gefühls auf unsere Orientierungslosigkeit zurückführt, die wir verspüren, wenn wir auf etwas stoßen, das wir nicht kennen. Weltenbürger und Alleskenner dürften demnach resistent gegen das Unheimliche sein. Daniel Krause (2006) erinnert mich an diesen Ansatz, wenn er beschreibt, dass wir es in der westlichen Kultur mit einem ausgeprägten Maß an Willkürlichkeit bezüglich der Normen und Regeln zu tun haben, in denen sich Musik abspielen darf, und uns genau dann unheimlich wird, wenn diese Normen und Regeln übergangen werden. Unser Gefühl für *Gewohnheit* gerate dann ins Wanken. In beiden Fällen müsste Neue Musik von sich aus unheimlich sein, weil in ihr aufgrund von fehlender Abstraktion und Reproduzierbarkeit ständig alles neu und ungewohnt ist. Das trifft aber nicht zu: Neue Musik ist nicht *unheimlich*, sondern *unbeliebt*. Außerdem lässt er, wenn er schon dezidiert von der immensen Bedeutung der *Willkür* spricht, eine mögliche *natürliche* Fundierung des Harmonieempfindens völlig außer Acht, deren biologische Grundlage Hermann von Helmholtz (2007) gefunden zu haben glaubte und die heute kontrovers diskutiert wird (vgl. Spitzer 2008). Natürlich müssen wir Krause (2006) zustimmen: Die Willkür spielt in der Musikgeschichte eine herausragende Rolle und auch in der Harmonielehre begegnet sie uns, ich glaube aber nicht, dass das Prinzip der Willkür und die Gewöhnung daran allein der Maßstab sind, an dem das unheimliche Schaudern entsteht.

Für Freud (1919h) liegt die Ursache des Unheimlichen zwar auch in einer Urteilsunsicherheit, die spielt aber immer dann eine Rolle, wenn es zur Rückkehr von verdrängten Inhalten kommt, die ins Bewusstsein einzudringen drohen, und dadurch ihre unbewusste Bekanntheit andeuten. Das Unheimliche entsteht, wenn verdrängte Inhalte wiederkehren. Auf den Punkt gebracht, lässt sich über das musikalische Unheimliche sagen: *In der Musik ist es genauso.* Das Unheimliche *in der Musik* entsteht, wenn verdrängte *musikalische* Inhalte wiederkehren. Der Musik als *virtueller Person* (Parncutt/Kessler 2007) wird dann unheimlich und das ängstliche Gefühl springt auf uns über. Im Bezug auf die von mir skizzierten psychischen Instanzen der Musik bedeutet das ein Eindringen von unbewusstem, verbotenem Material aus dem musikalischen Es der *Person* Musik in ihr musikalisches Ich. Das passiert, wenn musikalische Techniken, Formen oder Klänge der Neuen Musik auf der Konzertbühne erklingen, obwohl sie dort eindeutig nichts zu suchen haben, funktioniert aber nur in ausreichend dezenter Dosierung: Zwar lehnt das Publikum Neue Musik ab, doch wenn sich verboten Atonales, Dissonantes oder Geräuschhaftes dezent genug unter die konventionelle Musik mischt, der man sich bereitwillig und genüsslich beim Musikhören hingibt, bringt die heimliche Vermischung unser festgefahrenes musikalisches Uhrwerk aus allen Fugen, weil in der harmlosen Musik plötzlich hohes symbolisches Potenzial anklingt und wir unbewusst mit verdrängten Inhalten konfrontiert werden, ohne dass wir es wirklich merken. *Was* wir in diesem Fall bemerken, ist ein seltsames Gefühl: Dann wird uns ganz unheimlich!

Wenn Freud (1919h, S. 263) die Ursache des Unheimlichen darauf zurückführt, dass »verdrängte infantile Komplexe durch einen Eindruck wiederbelebt werden oder wenn überwundene primitive Überzeugungen wieder bestätigt scheinen«, trifft beides auch auf die unheimliche musikalische Mischung zu: *Verdrängte infantile Komplexe* finden wir neben den Traumatisierungen und Ängsten unter jenen bereits erwähnten Inhalten und vorsymbolischen Erfahrungen, die durch Musik mit hohem symbolischem Potenzial wiederbelebt werden. *Primitive Überzeugungen* liegen nicht nur in diesem archaischen Material, sondern auch in den musikalischen Techniken, wie z. B. der Strukturlosigkeit, dem Fehlen von Ordnung und dem narzisstischen Gefühl des unbegrenzten Klang- und Geräuschrepertoires der Klangflächenkompositionen[2]. Inhalt und Struktur dieser Musik halten wir für überwunden: *Inhaltlich* betrifft die Überwindung das unbewusste Material, das die Musik zum Anklang bringt; *strukturell* entspricht das dem Zustand psychischer Unordnung und Chaotik. Mischen sich die verbotenen Techniken dezent genug ein, werden diese Inhalte wiederbelebt.

2 Die Strukturlosigkeit der Musik beschreibt gerade einen als *primitiv* wahrgenommenen Zustand, noch bevor der Mensch im Namen Gottes als Ausdruck des Zivilisationsprozesses auf musikalischer Ebene mit der Harmonielehre Gesetz und Systematik eingeführt hat.

Der Tod in der Musik

Von einer Wiederbelebung sind in der Musik nicht nur assoziierte vorsymbolische Erfahrungen, Ängste oder Traumatisierungen betroffen, sondern auch eine wortwörtliche Wiederkehr von etwas Totgeglaubtem. Da ist beispielsweise der Tod als düsteres und erschreckendes Sujet: In Gestalt des Teufels, eines tanzenden Skelettes oder als Sensenmann taucht er in der Musikgeschichte – von Bachs Kantaten über Rachmaninows *Toteninsel* und Saint-Saens *Totentanz* bis zu Schönbergs *Erwartung* – ständig auf. Wir begegnen ihm beispielsweise in Schuberts *Der Tod und das Mädchen*, wie er erhaben und andächtig mit dem ängstlichen Jungfräulein liebäugelt und sich als guter Freund verkauft, der eigentlich gar nichts Böses will. Selbst wenn im gleichnamigen Quartett sein Auftritt in vollendeter Weise auskomponiert ist, seiner grauenhaften Erscheinung wird die musikalische Umsetzung in den seltensten Fällen gerecht. Auf eine unheimliche Grenzüberschreitung, die für das Unheimliche essenziell ist, wartet man in den meisten Vertonungen des Todes vergeblich. Das mag vielleicht daran liegen, dass sich eine direkte Übertragung in die musikalische Technik zunächst als schwierig erweist: Man kann zwar vom Tod im Programm eines Musikstückes *lesen*, doch *erfahren* kann man ihn nicht, weil mit seinem Eintreten bekanntermaßen die Erfahrung endet. Die experimentelle Geräuschmusik hat dieses Paradoxon auf indirekte Weise aufgelöst: Versteht man musikalische Lebendigkeit als Abstraktionsfähigkeit, Artikulationsvermögen und Reproduzierbarkeit, verlieren Musikstile mit hohem symbolischem Potenzial mit dem Fehlen von Struktur und Ordnung gleichzeitig ihre grammatikalische Charakteristik und fallen ins Vorsprachliche, Primärprozessorische zurück – was dazu führt, dass man diese Musik nur schwer festhalten und in einen Bezugsrahmen stellen kann, weil Abstraktion, Artikulation und Reproduktion nur in einer sprachähnlichen Syntax funktionieren. Musik ist ohnehin auf eigenartige Weise gegenstandslos – diese Musik im Speziellen wird so unheimlich bezugsfrei wie der Tod selbst. Wir haben das bereits festgehalten: die vollkommene Fragmentierung. Sie macht die Musik nicht mehr haltbar. Vielleicht kann man sagen: Je höher das symbolische Potenzial ist, desto *toter* ist Musik. Es ist dieser schaurige Komparativ, der Neue Musik sozusagen zu »toter Musik« macht, die wie ein Skelett mit Säbel in der Hand ihren Totentanz feiert. In diesem Prozess der musikalischen Dekonstruktion überträgt sich der Tod tatsächlich vom Programm (in dem er abstrakt und greifbar ist) in die musikalischen Klänge (in denen der Schlüssel seiner Erscheinung gerade die Unfähigkeit zur Abstraktion ist).

Zur Wiederbelebung kommt es, wenn im konventionellen Rahmen diese »toten« Formen der Neuen Musik auftauchen: Wie Freud (1919h, S. 152) beschrieben hat (hier greift er auf Jentsch zurück), entsteht auch in diesem Fall das Unheimliche, weil »eine intellektuelle Unsicherheit geweckt wird, ob etwas belebt oder leblos sei«, und weil die plötzlich auftauchenden verbotenen Geräusche oder Klänge dazu verdammt sind, ihre revolutionäre Antigeisterei zwecks Eingliederung in Struktur und Ordnung des konventionellen Rahmens aufzugeben, wird das ganze dadurch verstärkt, dass »das Leblose die Ähnlichkeit mit dem Lebenden zu weit treibt«.

Der »potenzielle Raum« und der »Raum des Ausdrucks«

Freud (1919h, S. 264) erklärt den nicht recht unheimlichen Charakter von Märchen dadurch, dass die Prinzipien, die üblicherweise in ihrer Andeutung das Unheimliche in der Literatur auslösen (wie etwa Wunscherfüllungen, geheime Kräfte, Allmacht der Gedanken, Belebung des Leblosen und Kastrationskomplex), dort »ganz gewöhnlich« sind und deshalb keine unheimliche Wirkung äußern können, denn »für die Entstehung des unheimlichen Gefühls ist […] der Urteilsstreit erforderlich, ob das überwundene Unglaubwürdige nicht doch real möglich ist«, was »durch die Voraussetzungen der Märchenwelt überhaupt aus dem Wege geräumt« ist. Von so einer Vorwegnahme des Urteilsstreits sind in der Musik die meisten Werke der Neuen Musik betroffen: Wegen der direkten Präsentation von hohem symbolischem Potenzial fehlt jegliche Urteilsunsicherheit und diese Formen *können* allein gar kein unheimliches Schaudern auslösen, weil sie sofort und unmittelbar mit der massiven Abwehr des Hörers konfrontiert sind! Um das zu verdeutlichen, möchte ich an dieser Stelle von zwei »musikalischen Räumen« sprechen, die unterschiedliche Ebenen der Zensur betreffen und erst in ihrer Vermischung das unheimliche Rätselraten hervorrufen.

Der erste von beiden ist der *»potenzielle Raum«*: Er umfasst alle möglichen Erscheinungsformen, die Musik prinzipiell annehmen kann, und hängt in seiner Größe davon ab, *was* man überhaupt als Musik definiert. Das ist deshalb wichtig, weil wir es im konventionellen Musikmarkt mit der traditionellen Diskriminierung der Geräuschwelt zu tun haben, für die man bereitwillig den potenziellen Raum auf die Sphäre des Klanges verkleinerte. In der experimentellen Geräuschmusik ist das anders. Hier kehrte man zur alten Definition der Griechen zurück, Musik sei überall, nur meint man diesmal wirklich: *überall.* Weil jetzt letztlich *alles* Musik ist, wird der musikalische Potenzialraum der Klangflächenkompositionen nahezu unendlich groß.

Auch der zweite Raum ist ein Potenzialraum, allerdings handelt es sich dabei um einen Spezialfall: Damit sind all jene möglichen Erscheinungsformen gemeint, die *tatsächlich* zum musikalischen Ausdruck und Teil von Musikstücken werden *dürfen*. In diesem Sinne entspricht dieser *»Raum des Ausdrucks«* ungefähr dem, was ich oben als musikalische Ichinstanz beschrieben habe. Der Ausdrucksraum schneidet vom Potenzialraum ein Stück heraus und diese zweite Zensurebene ist notwendig, weil es in den unterschiedlichen Musikrichtungen zusätzliche Regeln gibt, die festsetzen, was musikalisch erlaubt ist und was nicht. In der klassischen Musik ist es die Harmonielehre, nach deren Selbstverständnis sich potenzielle Musiktechniken richten müssen, um aus dem größeren Potenzialraum in den exklusiven Raum des Ausdrucks und damit auf die goldene Konzertbühne zu gelangen (Abb. 1).

Abb. 1: Potenzieller Raum und Raum des Ausdrucks

Das Atonale und Dissonante, das ganze Schönberg'sche Traditionsgut hat hier nichts verloren. Bei Schönbergs Musik teilt man sich zwar mit der Klassik den klangbehafteten potenziellen Raum (schon allein, dass er auf die in der Musikgeschichte vordefinierten Töne zurückgreift, ist ein eindeutiger Hinweis), die sekundäre Beschränkung orientiert sich allerdings nicht an der Harmonie, sondern an der simplen Regel: *In einer musikalischen Reihe muss jeder Ton einmal vorkommen.* Diese Sicherstellung der Egalität sämtlicher Töne ist im Vergleich zum komplizierten Kodex der Harmonielehre mit ihren umfassenden Vorschriften für Akkordkombinationen, Harmonieabfolgen, Modulationstechniken und Satzformen beinahe verschwindend gering: Wenn auch nicht hundertprozentig, so fallen doch Potenzial- und Ausdrucksraum nahezu zusammen. Ebenso bei anderen Formen der Neuen Musik, wie der experimentellen Geräuschmusik: Hier fällt die zweite Kontrollgrenze wirklich völlig weg, sodass die beiden Räume tatsächlich deckungsgleich sind (in diesem Fall ist das, was als Musik definiert ist, auch wirklich das, was gespielt werden darf). Hohes symbolisches Potenzial finden wir vor allem in jenen Musikstilen, deren Räume deckungsgleich sind, und weil die Räume in der Geräuschmusik viel größer sind, ist auch ihr Symbolpotenzial wesentlich höher.

Deckungsgleichheit hat aber nichts mit unheimlichen Gefühlen zu tun – unheimlich wird das Hören von Musik erst dann, wenn eine Instabilität in den Grenzen der Räume (und damit sind letzten Endes auch die psychischen Instanzen gemeint) angedeutet wird und wir sie nicht mehr hundertprozentig auseinanderhalten können, oder wenn sich im Ausdrucksraum von konventioneller Musik Formen befinden, die dort nicht hingehören, wir uns aber schwer tun, das unerlaubte Eindringen gewisser verbotener Techniken zu erkennen. Wenn sich verbotene Klänge an der musikalischen (sekundären) Beschränkungsformation des Ausdrucksraumes vorbeimogeln und Teil des konventionellen Musikstückes werden, haben sie gleichzeitig auch die psychische Abwehr ausgetrickst, die normalerweise hohes symbolisches Potenzial in seiner direkten Präsentation gar nicht erst vorbeiließe. Das Manöver wird umso unheimlicher, je weniger die Schmuggelware erlaubt ist: Handelt es sich bei dem unautorisierten Material um Atonalität oder Dissonanz in der Tradition von Schönberg, kommt das Unerlaubte wenigstens noch aus dem eigenen

Potenzialraum (Abb. 2 [1]), treten aber Inhalte der Geräuschmusik über (Abb. 2 [2]), wechselt auch der potenzielle Raum und unser psychischer Apparat weiß überhaupt nicht mehr, wie er mit dem blinden Passagier umgehen soll. Der unheimliche Betrug liegt darin, dass wir uns im klassischen Potenzialraum eigentlich in einem – bezogen auf das symbolische Potenzial – *ungefährlichen* Rahmen befinden. Wird der musikalische Ausdrucksraum aber durch die Hintertür heimlich erweitert, wird uns ganz mulmig zumute – weil das symbolische Potenzial hinterrücks ansteigt, wenn man uns, wie Freud (1919h, S. 265) schrieb, die »gemeine Wirklichkeit verspricht und dann doch über diese hinausgeht«. Da hohes symbolisches Potenzial immer mit der individuellen Abwehr des Hörers zu kämpfen hat, muss die heimliche Erweiterung subtil genug sein, weil sonst der Einbruch zu offensichtlich und die drohende Überflutung zu gefährlich wird.

Abb. 2: das unheimliche Manöver mit (1) Atonalität in der Tradition von Schönberg, und (2) Geräuschen als Beispiel für Techniken, Formen oder Klänge der Experimentellen Geräuschmusik

Halten wir also fest, dass es für das Unheimliche in der Musik dreier Dinge bedarf: Erstens spielt sich das Ganze im klassischen Rahmen ab. Der konventionelle Rahmen ist notwendig, (a) weil man als Voraussetzung ein bestimmtes Maß an musikalischer Ordnung benötigt, die man in weiterer Folge überlistet, und (b) damit man sich überhaupt dem Musikgenuss hingibt und nicht von vornherein die hohe Abwehr mobilisiert, die einen dazu veranlasst, gar nicht erst Neue Musik zu hören. Zweitens benötigt man musikalische Techniken, Formen oder Klänge aus dem Repertoire der Neuen Musik, weil diese aufgrund ihres hohen symbolischen Potenzials eine enge Verbundenheit zu Inhalten unseres Unbewussten haben. Drittens müssen diese musikalischen Techniken, Formen oder Klänge in den klassischen Rahmen gestreut werden, um in ihrer Andeutung das unheimliche Gefühl zu erzeugen, und zwar hinreichend dezent, weil sie sonst nicht an der Abwehr vorbeikommen.

Solange Schönberg und die Neuen Musiker als musikalische Reinkarnationen des Teufels in ihrem düsteren Zuhause bleiben, ist alles (buchstäblich) in Ordnung. Aber wenn Mephisto das Pudelkostüm anlegt und hinterlistig an unsere Haustür klopft: Dann beginnt der Schrecken! – Wenn sich das symbolische Potenzial über die Techniken der Neuen Musik in leisen Schritten *einschleicht*. Es ist ein Trick, ein hinterlistiges Manöver, ein heimlicher Betrug: Denn das Unheimliche tritt in der Musik genau dort in Erscheinung, wo man eigentlich Wohlklang vermutet.

Die Subjektivität des unheimlichen Manövers

Wie funktioniert das Einschleichen von symbolischem Potenzial? Wir sehen es z. B. in *All Hallows Eve* vom eingangs erwähnten Patrick Srkal (die Partitur erscheint demnächst im bayrischen Verlag M-Music Publishing, www.m-music-publishing.de): In seiner sinfonischen Dichtung (eine schaurige Vertonung einer dämonischen Verfolgungsjagd im Irland des 17. Jahrhunderts) sind viele Dissonanzen und Geräuschimitationen enthalten, die er durch geschickte Instrumentation nicht in der vollen Schärfe erklingen lässt, sondern subtil in den harmonischen Kontext einwebt. Bezeichnenderweise beschreibt er seine besonderen Klänge als »nebelhaft« – und genau das sind sie auch: verschleiert und undefiniert. Wie Objekte, die im Nebel ihre festen Umrisse verlieren, verbergen die Noten in der Partitur auf geschickte Weise Klänge aus der Neuen Musik. Denn um im konventionellen Rahmen erklingen zu dürfen, müssen sie sich durch ihre nebelhafte Erscheinung maskieren, und diese Maskierung ist der technische Schlüssel zum unheimlichen Empfinden. Ob und wie sehr unheimliche Gefühle ausgelöst werden, ist allerdings etwas sehr Individuelles: *Das* Unheimliche im Sinne von Musik, die ausnahmslos bei *allen* Hörern unheimliche Gefühle auslöst, gibt es nicht. Allein durch die verschiedenen Dosierungsmöglichkeiten zwischen einschleichendem symbolischem Potenzial und der konventionellen Musik ergeben sich beliebig viele Varianten des Unheimlichkeitsempfindens, auf die jeder Mensch wegen der Individualität seiner eigenen Abwehrformation mit unterschiedlicher Durchlässigkeit reagiert. Auch der kathartische Aspekt spielt hier eine große Rolle, weil es entscheidend ist, ob wir den musikalischen Rahmen, in dem sich der Betrug abspielt, mögen oder nicht. Beispiele für unheimliche Musik sind deshalb immer subjektiv. Nicht jeder Hörer wird beim gleichen Werk dieselbe Empfindung haben. Ein Beispiel für Musik, die mich persönlich ins Gruseln bringt, habe ich bei Krause (2006) gefunden: Schuberts »Sanctus« der *Messe in Es-Dur* durchläuft vier fast unkombinierbare Tonarten in nur sieben Takten, ihr Kontext ist hingegen ganz klassisch, so wie man es vom harmonischen Schubert auch erwartet. Entscheidend für die verschiedenen Modulationstechniken, die sich in der Harmonielehre entwickelt haben, ist die Tatsache, dass man ihnen leicht folgen kann. Gelingt das nicht, entsteht ein Bruch, weil man dann die neue Tonart nicht mit der alten verknüpfen kann. Aus diesem Grund wird häufig über die Dominante (5. Stufe der Tonleiter) moduliert, weil sie unser natürliches Empfinden für *Tonverwandtschaft* (Helmholtz 2007) ausnutzt. Bei der Modulationskette von Schubert ist das anders. Zwar gibt es viele andere konforme Techniken, um von einer Tonart zur nächsten zu gelangen, aber von keiner dieser Möglichkeiten scheint er etwas hören zu wollen: Er beginnt in Es-Dur und gelangt durch enharmonische Umkehr zum verkürzten Dominantseptakkord h-Moll, obwohl ein H-Dur für die Ohren wesentlich freundlicher wäre. Mit dem d als Anker wechselt er zu g-Moll und von dort zunächst zurück nach es-Moll, weiter zum bekannten h-Moll, das allerdings enharmonisch komplett umgedreht wird und jetzt ces-Moll ist – obwohl diese enharmonische Umkehr den folgenden Sprung zu F-Dur nicht unbedingt systematischer macht. Das F-Dur erklingt mit einem es als Vorhalt und schließlich findet die ganze Kette in der Dominante B-Dur seine scheinbare Ruhe. Auf eine konforme Kadenz, welche die Harmonien stabilisiert, wartet man vergeblich. Der Übergang zwischen den Tonarten wirkt auf uns noch intensiver, weil Schubert den Wechsel in voller Lautstärke vollzieht (die Streicher verstärken das Gefühl der Eiseskälte:

Ihre fesselnde Rhythmik wird zusammen mit ihrer Untermalung durch die Bläser zum Taktwechsel lauter, verliert sich dann aber sofort wieder im Ungewissen). Dadurch erhöht sich die unbewusste Orientierungslosigkeit, weil der letzte Akkord des vorangegangenen Taktes deutlich nicht mit dem Akkord des neuen Taktes vereinbar ist.

Als Intermezzo dient ein Fugato, das zwar irgendwie heiterer klingt, den Zuhörer aber dennoch nicht aus der Ungewissheit befreit. Zwar gibt es dann einen romantischen Übergangstakt – der scheint aber unglücklicherweise gerade wegen seiner harmonischen Eindeutigkeit nicht zum konfusen Rest zu passen. Nachdem alles noch einmal im Eiltempo wiederholt wird, kommt der gleiche Übergangstakt wieder, aber jetzt wird seine Absurdität noch deutlicher, weil danach der Chor in As-Dur einsetzt, obwohl man eigentlich Es-Dur erwartet. Vermutlich haben Enttäuschungen offensichtlicher Erwartungen wie diese Krause (2006) dazu bewogen, das Zustandekommen des unheimlichen Schauderns auf die Überlistung unserer Gewohnheit zurückzuführen. Gewohnheit würde allerdings bedeuten, dass man sich auch an das unheimliche Gefühl gewöhnen kann. Das erscheint mir nicht sehr plausibel (außerdem ist das unerwartete Auftauchen von As-Dur nicht gerade die unheimlichste Stelle des Stückes). Stattdessen entsteht das unheimliche Gefühl wohl eher dadurch, dass das bei den Taktwechseln kurzfristig rapide ausschlagende symbolische Potenzial ein durchgängiges Gefühl angedeuteter Instabilität hinterlässt. Wir hören hier subtile Haltlosigkeit, Trennung, Vernachlässigung und dezente Zerstörung, die wir unbewusst mit traumatischen Erfahrungen und Ängsten aus der Zeit der frühen Mutter-Kind-Beziehung assoziieren und die deshalb besonders bedrohlich auf uns wirken. Um es dennoch in den Worten von Krause (2006) zu sagen: Kein Zufall also, dass uns die wilden Modulationen frösteln lassen!

Die zwei Arten des Unheimlichen

Das Bedrohliche an der Musik zur berüchtigten Duschszene aus Alfred Hitchcocks *Psycho* gelingt Komponist Bernard Herrmann durch die messerscharfen Glissandi in den hohen Streichern: Sie klingen schrill und scharf, sind mehr Geräusch als Klang, und dennoch bindet er sie in den sonst konsequent klassischen Rahmen ein. So entsteht der unheimliche Kontrast, der uns wie Bates Messer unter die Haut fährt. Dass uns beim Hören von Musik gruseliger Streifen unheimlich wird, ist allerdings selten eine Leistung der Musik allein. Was im Kino an Emotionen in uns ausgelöst wird, ist Resultat einer geschickten Mischung aus dem, was wir *hören*, und dem, was wir *sehen*. In der Branche haben sich deshalb gewisse Techniken zur musikalischen Untermalung entwickelt, um gezielt gewünschte Stimmungen zu erzeugen. Für die Filme aus dem Horror-, Grusel- und Thrillergenre sind dies insbesondere: dunkles Moll, tiefe Tremoli, bedrohliche Blechbläser, schmetternde Chöre, melancholische Streicher etc. Hier hören wir keine angedeutete Instabilität harmonischer Grenzen, sondern Kompositionstechniken, die völlig konventionell und gemäß der Harmonielehre einwandfrei gestattet sind. Und weil sich die Musik in düsteren Filmen auf ihre Verbindung zum visuellen Input verlassen kann, ist es hinfällig, ob diese Techniken selbst unheimlich sind, denn in der modalen Kombination lösen sie trotzdem unheimliche Gefühle aus. So brauchen wir etwa bei Mike Oldfields *Tubular Bells* schon die dazugehörige Besessene aus dem *Exorzisten*, um ein Mindestmaß an Grusel zu verspüren. Hören wir die Musik alleine, wird uns höchstens dann unheimlich, wenn wir unbewusst die gehörte Musik mit den Bildern des Films verknüpfen. Weil sich aber die etablierten Techniken sehr stark ähneln, brauchen wir gar nicht den original zur Musik gehörenden Film gesehen zu haben: Wir erinnern uns dann unbewusst an schreckenerregende Szenen aus *irgendeinem* Film, für den eine ähnliche Musik herhalten musste. Das Unheimliche an der Musik entsteht hier also aufgrund einer unbewussten *Assoziation* mit unheimlichen Bildern. Aus diesem Grund erscheint mir eine Trennung notwendig: Es gibt zwei Arten des musikalisch Unheimlichen. Freud (1919h) trifft eine ähnliche Unterscheidung, wenn er das Unheimliche des *Erlebens* von dem der *Fiktion* trennt, das sich dann einstellt, wenn man zwar vom Unheimlichen *liest* (wie im Märchen), es aber nicht *empfindet*. Für die Musik ist die zweite Form hinfällig, weil wir zwar das *Programm*, nicht aber die *Musik* lesen können, selbst wenn wir die Partitur vor uns haben. Stattdessen müssen wir die Formen des *Erlebens* spezifizieren: Auf der einen Seite gibt es jene Form, die durch die Andeutung der Instabilität der harmonischen und psychischen Grenzen mit Freifahrtschein für ein dezentes Maß an hohem symbolischem Potenzial entsteht. Diese Art des Unheimlichen möchte ich als die eigentlich »echte«, tiefgehende bezeichnen. Dem gegenüber steht die konventionalisierte Form, von der unser Musikmarkt tief durchdrungen ist: Wir haben hier sozusagen *gelernt*, dass uns unheimlich werden soll, wenn wir bestimmte Floskeln hören (etwa das oft verwendete »Dies Irae«-Motiv). Das Unheimliche steht hier unter ziemlich inflationärer Verwendung.

Beide Formen – »echte« und konventionalisierte – tauchen in Stanley Kubricks *The Shining* auf: Doch während sich uns bei den geräuschhaften Cyberklängen des Overlook-Hotels die Nackenhaare aufstellen, wirkt das »Dies Irae« beim Flug über die Berge von Colorado eher peinlich und lahm. Auch in Mozarts *Requiem* werden wir enttäuscht: Obwohl man meinen mag, eine Totenmesse sei prädestiniert dafür, jenseitige Klänge zu erzeugen und in uns schrecklichstes Grauen zutage zu fördern, ist das unheimliche Output recht gering – Mozart war anscheinend nicht bereit dazu, für den vertonten Eintritt in die Welt der Toten auch die Grenzen der Harmonie zu überschreiten. Schuberts *Sanctus* hingegen ist keine Musik für die Verstorbenen, sondern eine Feier des Lebens und Verherrlichung der erhabenen Schöpfungskraft Gottes. Ausgerechnet hier hören wir den Teufel tatsächlich mit einem Finger an die Haustür klopfen.

Schlussbemerkungen

Ausgehend von der Frage nach der Technik der unheimlichen Komposition, habe ich Überlegungen angestellt, wie in meinem Verständnis das Unheimliche in der Musik zustande kommt. Was meine Ausführungen betrifft, beanspruche ich keine Vollständigkeit, es ließe sich noch viel mehr darüber sagen. Musik trägt das Geheimnis für das Unheimliche in sich: ihre feste Struktur. Sie kann bewusst hintergangen werden, und zwar auf zwei Arten: entweder *komplett*, dann endet die Verabschiedung der gewohnten Ordnung wie bei Schönberg und der Neuen Musik in einer teuflischen, aber leider nicht unheimlichen Konvention des musikalischen Antigeistertums; oder *subtil*, dann werden die Grenzen des Zulässigen nur mit einem Fuß überschritten, und weil sich das Verbotene heimlich einschleicht, wird uns ganz unheimlich. Das Infantile am Unheimlichen in der Musik liegt in der Verlässlichkeit von Struktur und Ordnung, die wir aus der frühen, symbiotischen Phase der dyadischen Mutter-Kind-Beziehung kennen. Es ist aber auch die angedeutete Instabilität der eingebildeten stabilen Grenzen und der Unantastbarkeit der Grundprinzipien unserer Zivilisation, die wir nicht verkraften; die Naivität zu glauben, unsere geschaffenen Ordnungen seien unfehlbar. Weil uns diese Ordnungen vom Tier unterscheiden, betrifft das auch die menschliche Eitelkeit. Was wir nicht aushalten, ist die Möglichkeit, dass alles auch ganz anders sein könnte. Eben dadurch besteht die Gefahr, dass Verbotenes die Grenze ins Erlaubte überschreitet. In der Psychoanalyse ist es die Grenze zwischen Es und Ich: der Zensor. Musikalisch sind es die Grenzen zwischen Potenzial- und Ausdrucksraum, zwischen Tonalität und Atonalität, für die Zensur ist hier die Harmonielehre verantwortlich. In der Relativierung der Grenzen wird die menschliche Schwäche spürbar. Ordnungen – und vor allem: *das Vertrauen auf die Stabilität dieser Ordnungen* – bewahren die Stabilität unseres Lebens. Kein Wunder also, dass unser seelischer Apparat wie bei einer allergischen Reaktion überreagiert, wenn das ganze Gefahr läuft zu zerfallen.

Literatur

Anzieu, Didier (1996): Das Haut-Ich. Frankfurt a.M. (Suhrkamp).

Balint, Michael (1968): Therapeutische Aspekte der Regression. Die Theorie der Grundstörung. Stuttgart (Klett-Cotta).

Crisan, Horia (1999): Das geistige Echo des präverbalen Daseins. Eine entwicklungspsychologische Skizze. International Journal of Prenatal and Perinatal Psychology and Medicine 11, 65–105.

Dornes, Martin (2001): Der kompetente Säugling. Die präverbale Entwicklung des Menschen. Frankfurt a.M. (Fischer).

Freud, Sigmund (1912–13a): Totem und Tabu. GW IX.

Freud, Sigmund (1919h): Das Unheimliche. GW XII, S. 227–268.

Freud, Sigmund (1930): Das Unbehagen in der Kultur. GW XIV, S. 429–506.

Funke, Dieter (2006): Die dritte Haut. Psychoanalyse des Wohnens. Gießen (Psychosozial-Verlag).

Grunberger, Bela (2001): Vom Narzissmus zum Objekt. Gießen (Psychosozial-Verlag).

Helmholtz, Herman von (2007): Die Lehre von den Tonempfindungen als physiologische Grundlage für die Theorie der Musik. Saarbrücken (VDM).

Knappe, Stefan (2004): Das Unbewusste und der Klang. Psychoanalyse und experimentelle Geräuschmusik. Diplomarbeit. Universität Bremen.

Krause, Daniel (2006): Gibt es unheimliche Musik? Ein Antwortversuch. URL: http://www.medienobservationen.lmu.de/artikel/musik/krause_unheimlich.html (Stand: 12.12.2009).

Leikert, Sebastian (2001): Der Orpheusmythos und die Symbolisierung des primären Verlusts. Genetische und linguistische Aspekte der Muttererfahrung. Psyche – Z Psychoanal 55, 1287–1306.

Mahler, Margaret Schönberger; Pine, Fred & Bergman, Anni (1975): Die psychische Geburt des Menschen. Symbiose und Individuation. Frankfurt a.M. (Fischer).

Mätzler, Ruth (2001): Zur unbewussten Tiefengrammatik von Musik und Traum. Werkblatt 46, 97–109.

Müller-Pozzi, Heinz (1995): Psychoanalytisches Denken: eine Einführung. Bern (Huber).

Nitzschke, Bernd (2002): Frühe Formen des Dialogs. Musikalisches Erleben – Psychoanalytische Reflexion. In: Oberhoff, Bernd (Hg.): Psychoanalyse und Musik. Eine Bestandsaufnahme. Gießen (Psychosozial-Verlag), S. 307–322.

Oberhoff, Bernd (Hg.) (2002): Psychoanalyse und Musik. Eine Bestandsaufnahme. Gießen (Psychosozial-Verlag).

Oberhoff, Bernd (2007): Vom Barock zur Klassik. Die Entdeckung der inneren Welt in der Musik. In: Oberhoff, Bernd & Leikert, Sebastian (Hg.): Die Psyche im Spiegel der Musik. Musikpsychoanalytische Beiträge. Gießen (Psychosozial-Verlag), S. 97–112.

Ogden, Thomas (1995): Frühe Formen des Erlebens. Gießen (Psychosozial-Verlag).

Parncutt, Richard & Kessler, Annekatrin (2007): Musik als virtuelle Person. In: Oberhoff, Bernd & Leikert, Sebastian (Hg.): Die Psyche im Spiegel der Musik. Musikpsychoanalytische Beiträge. Gießen (Psychosozial-Verlag), S. 203–252.

Riedweg, Christoph (2002): Pythagoras. Leben, Lehre, Nachwirkung. München (C.H. Beck).

Silber, Otto-Heinrich (2003): Klangtherapie. Weg zur inneren Harmonie. Freiburg (Herder).

Spitz, Renè. (1965): Vom Säugling zum Kleinkind. Naturgeschichte der Mutter-Kind-Beziehungen im ersten Lebensjahr. Stuttgart (Klett-Cotta).

Spitzer, Manfred (2008): Musik im Kopf. Hören, musizieren, verstehen und erleben im neuronalen Netzwerk. Stuttgart (Schattauer).

Sterneck, Wolfgang (1998): Der Kampf um die Träume: Musik und Gesellschaft. Von der Widerstandskultur zum Punk, Von der Geräuschmusik zum Techno. Hanau (KomistA).

Tenbrink, Dieter (2000): Musik als Möglichkeit zum Ausdruck und zur Transformation präverbaler Erlebnismuster. Zeitschrift für Individualpsychologie 25, 243–254.

Tenbrink, Dieter (2002): Musik, primäre Kreativität und die Erfahrungsbildung im Bereich der Beziehung zu subjektiven Objekten. In: Oberhoff, Bernd (Hg.): Das Unbewusste in der Musik. Gießen (Psychosozial-Verlag), S. 9–36.

Tenbrink, Dieter (2004): Musik im Kontext symbiotischer Erfahrungsbildung. Psychosozial 96, 35–52.

Walter, Bruno (1957): Von der Musik und vom Musizieren. Frankfurt a. M. (Fischer).

Winnicott, Donald Woods (1971): Vom Spiel zur Kreativität. Stuttgart (Klett-Cotta).

Winnicott, Donald Woods (1974): Reifungsprozesse und fördernde Umwelt. München (Kindler).

Kulturzerstörung, traumatische Desintegration und die identitätsstiftende Bedeutung unbewusster Handlungsdialoge in Jazzimprovisation und Psychoanalyse

Ulrich Deutschmann

Einleitung

Psychoanalyse und Jazz: Was soll das miteinander zu tun haben? Das eine ist eine wissenschaftliche Methode zur Erforschung unbewusster seelischer Prozesse, das andere eine auf der afroamerikanischen Musiktradition basierende Form der Popularmusik. Die Psychoanalyse hat sich in Europa entwickelt, der Jazz in den USA.

Auch die Psychoanalytiker selbst haben offenbar keinerlei Verbindungen zum Jazz. Freud hat sich als gänzlich unmusikalisch bezeichnet. Andere wie Kohut, für die Musik zeitlebens eine große Bedeutung hatte, fühlten sich der klassischen europäischen Musiktradition verbunden. Musikpsychoanalytische Veröffentlichungen befassen sich überwiegend mit Themen aus Oper und klassischer Musik. Auf der anderen Seite hat es den Jazzmusikern natürlich keineswegs an psychischen Konflikten gefehlt. Doch suchten sie meistens Erleichterung im Konsum von Alkohol und Drogen und wandten sich nicht der Psychoanalyse zu. Direkte Zusammenhänge sind also nicht ersichtlich.

Dennoch scheint es zumindest eine Gemeinsamkeit zu geben: Das Assoziative der Jazzimprovisation, das Komponieren des Solisten im Hier und Jetzt des Spiels ähnelt in hohem Maße der freien Assoziation als Grundregel der psychoanalytischen Behandlung. Sowohl in der Psychoanalyse als auch im Jazz gibt es außerdem eine Suche nach den kommunikativen Wurzeln, ein »back to the roots« (vgl. Schumann 1997,

S. 208): Die Psychoanalyse beschäftigt sich mit der Übertragung, mit Inszenierungen, unbewussten Fantasien und präverbalen Beziehungsformen, in der Jazzimprovisation ist es das spontane Aufeinanderreagieren der Musiker, zu dessen Gunsten die komplizierten Arrangements des Old Jazz Schritt für Schritt aufgegeben worden sind.

Auch eine gewisse zeitliche Parallele kann man erkennen: Als der Jazzmusiker Ornette Coleman 1959 den Satz »Let's play the music and not the background« prägte und damit den neuen Stil des Free Jazz charakterisierte, arbeitete Kohut an seinen Veröffentlichungen über die narzisstische Übertragung. Kohut lebte in Chicago, Coleman in New York. Ein zeitgleiches Nebeneinander also – eine zufällige Koinzidenz von Selbstpsychologie und Jazzimprovisation?

So muss es dem Betrachter scheinen, solange er den politischen und sozialgeschichtlichen Kontext unberücksichtigt lässt, in dem beides geschah. Denn sowohl der Blues als auch der Swing hatten eine eminent politische Seite (vgl. Miller 1997, S. 66; Hellhund 1997, S. 141ff.): Sie waren Ausdruck des wachsenden Selbstbewusstseins der Afroamerikaner und des Aufbegehrens gegen die Rassendiskriminierung. Die Störungen wiederum, die Kohut beschrieb und an denen er sein Konzept des Narzissmus entwickelte, waren vor allem hinsichtlich des Verlusts der Symbolisierungsfähigkeit und anderer traumatischer Erfahrungen unter den europäischen Einwanderern verbreitet, zu denen er selbst gehörte.

War es also der migrationsbedingte Identitätsverlust breiter Bevölkerungsschichten in den USA der Dreißiger- und Vierzigerjahre, der sowohl den Jazz als subversive politische Bewegung beflügelte, als auch einige Psychoanalytiker nach neuen Wegen und Konzepten der Behandlung suchen ließ? Ich möchte im Folgenden Belege für diese Vermutung anführen und erörtern. Dazu formuliere ich die folgenden vier Thesen:

1. Die psychoanalytische Selbstpsychologie ist aus derselben sozialpsychologischen Problematik der nordamerikanischen Gesellschaft heraus entstanden, die auch den Jazz als musikalische Kunstrichtung und politische Ausdrucksform hervorgebracht hat.
2. Zum einen lässt sich Jazzimprovisation mit Konzepten der psychoanalytischen Selbstpsychologie verstehen und beschreiben; zum anderen hat die narzisstische Übertragung in der Psychoanalyse eine *musikalische* Seite.

3. Das selbstpsychologische Konzept der Modellszenen (vgl. Lichtenberg 1992) lässt sich grundsätzlich aus dem entwicklungspsychologischen in einen kommunikationsgeschichtlichen Kontext übertragen. *Eingestimmtes* Handeln in praktischen Sinngefügen scheint eine neben der Sprache existierende kulturell praktizierte Kommunikationsform zu sein.
4. Die Rezeption des Jazz in der westlich-abendländischen Kultur hat dort verbreitet aversive Empfindungen ausgelöst, die mit der Zerstörung von nichtsprachlichen Sinngefügen in dieser Kultur zu tun haben.

Die Untersuchung bewegt sich im Grenzgebiet zwischen Musikgeschichte und Psychoanalyse. Einräumen will ich daher, dass ich als Psychoanalytiker damit teilweise in fremden Gewässern fische und dass man in der Untersuchung aus geschichtswissenschaftlicher Sicht durchaus methodische Mängel entdecken wird. Es kann und soll hier aber auch um nichts anderes gehen als um eine Plausibilitätsprüfung der mit psychoanalytischen Mitteln formulierten Hypothesen. Dieses Vorgehen ersetzt natürlich nicht die Überprüfung anhand von einschlägigem Quellenmaterial mit den ihm angemessenen Methoden der Geschichtswissenschaft.

Zur Sozialgeschichte des Jazz

Überblick: Stilgeschichte und Stilmerkmale des Jazz

Der Jazz ist im Süden der USA um die Wende zum 20. Jahrhundert entstanden. Er war zunächst die Musik einer afroamerikanischen Aufsteigerschicht (vgl. Starr 1997, S. 86f.; Hellhund 1997, S. 145). In der Zeit des Rassismus ab 1924 wurde er zumindest zeitweilig zum musikalischen Inbegriff der afroamerikanischen Emanzipationsbewegung. Ab 1940 ist der Anspruch entstanden, eine musikalische Kunstrichtung zu sein. Stilgeschichtlich kann man daher drei große Epochen in der Entwicklung des Jazz unterscheiden:

1. Die Epoche der iberisch-afrikanischen Tradition von etwa 1650 bis 1889. In dieser Zeit dienten rhythmische Sprechgesänge bei den nach Amerika verschleppten Sklaven zur Verständigung und Koordination der gemeinsamen Arbeit. Rituelle Tänze Initiierter mit Trommlergruppen waren fester Bestandteil religiöser Feste und Zeremonien. Im Laufe des 18. und 19. Jahrhunderts wurden vor allem in der Karibik, in Venezuela und in Brasilien durch den katholischen Einfluss Elemente der europäischen Harmonik mit aufgenommen, wie im Calypso oder im kubanischen Son (vgl. Cable 1886; Sandner 1997, S. 45f.).
2. Der Old Jazz von 1890 bis 1940. Blues, New Orleans und Chicago Jazz sowie Swing waren als Tanzmusik weitgehend an die europäische Harmonik angeglichen. In den Texten und vor allem in zahlreichen rhythmischen Elementen wurde jedoch einerseits die afrikanische Tradition fortgeführt und andererseits oft gleichzeitig die Sprachorientiertheit der westlich-abendländischen Kultur persifliert (vgl. Miller 1997; Starr 1997; Hellhund 1997).
3. Der New Jazz seit 1940. Bebop, Hardbop, Cool Jazz, West Coast Jazz, Latin Jazz und Free Jazz vollziehen sozusagen eine »Individuation« des Jazz mit künstlerischem Anspruch. Die afrikanische Tradition wird bewusst und teilweise provokant eingesetzt; die Stilelemente europäischer Musiktradition werden schrittweise dekonstruiert (vgl. Hodeir 1997).

Musikästhetisch ließ sich der Jazz anfangs mit den ausschließlich auf abendländische Werkrezeption ausgerichteten Kategorien gar nicht beschreiben, weil er ihren Rahmen in vielfältiger Weise sprengte. Es war lange Zeit umstritten, ob man Jazz überhaupt als Musik bezeichnen könne (vgl. Baumgartner 1997a, S. 4) Erst die zunehmende Kenntnis afrikanischer Musiktraditionen erlaubte es, einige zentrale Stilmerkmale des Jazz zu beschreiben (vgl. Baumgartner 1997b, S. 7f.). Dazu gehören:

- die gemeinsame körperliche Aktion der Musiker und des Publikums durch Tanz oder rhythmische Bewegung,
- die melodisch-rhythmische Verzahnung der Musik als Ausdruck der Eingestimmtheit und des spontanen Aufeinanderreagierens der Musiker (im Jazz und Blues als *Groove* bezeichnet),

- die zentrale Bedeutung des Hier und Jetzt und damit der Improvisation in der Aufführungspraxis,
- die Imitation von Naturgeräuschen (z.B. Tier- und Vogelstimmen),
- die musikalische Gestaltung durch Klangfarbe und Timbre im Gegensatz zum Überwiegen von Melodik und Harmonik in der europäischen Musik und
- die Mehrdeutigkeit und Nachrangigkeit von Sprache, sowie ihr Einsatz als Rhythmuselement (Sprechimprovisation als *Scatten*).

Synkretismus in der iberoafrikanischen Kultur

Bis ins frühe Mittelalter hinein befand sich der gesamte Norden Afrikas unter arabisch-islamischem Kultureinfluss. Im Spannungsfeld zwischen der lokalen polytheistischen Religiosität einzelner Dörfer und Stämme und dem Islam als monotheistischer Religion verbreitete sich unter diesem Einfluss eine synkretistische Religiosität, durch die viele Sklaven sich dem Islam zuwenden konnten, ohne ihre eigene Glaubenstradition aufgeben zu müssen (vgl. Elwert-Kretschmer 1997, S. 34f.). Nach Süden reichte der islamische Einfluss bis in den Sudan; nach Norden hin waren die Grenzen zum christlichen Kulturbereich fließend: Sowohl auf der Iberischen Halbinsel als auch auf dem Balkan und in der Schwarzmeerregion waren arabisch-jüdisch-christliche Mischkulturen entstanden. Auch diese Kulturen waren synkretistisch, wurden jedoch durch den mit Beginn der Neuzeit expansiv propagierten Absolutheitsanspruch des Christentums zerstört (vgl. Rohr 1991; Thoraval 1999, S. 293f.): In Spanien durch die Reconquista und auf dem Balkan etwas später durch die Niederlage der Türken vor Wien (vgl. Ploetz 1991, S. 629).

Die spanischen und portugiesischen Seefahrer des 17. und 18. Jahrhunderts brachten daher nicht nur vorwiegend westafrikanische Sklaven, sondern auch das Erbe ihrer eigenen maurisch-jüdisch-christlichen Kultur mit in die Neue Welt. Trotz Folter und Massenmord gelang es der Inquisition nicht, diesen synkretistischen Einfluss auszurotten, der auf diese Weise nicht nur die afrikanischen Sklaven, sondern auch die Indios prägte und ihnen ihre religiösen Traditionen und ihre musikalische und rituelle Kommunikation bis heute weitgehend ließ (vgl. Rohr 1991; Rösing 2001). Im New Orleans der Jahrhundertwende blühte diese Kultur nach der Sklavenbefreiung 1889 in den USA kurzfristig auf. Die durch die Prosperität der Südstaaten vergleichsweise günstigen Lebensbedingungen in dieser Zeit und die Durchlässigkeit der sozialen Schichtgrenzen ermöglichten vielen Afroamerikanern den sozialen Aufstieg in mittlere und höhere gesellschaftliche Schichten (vgl. Fabre 2006; Starr 1997).

Diese Entwicklung fand in den USA, vor allem aber auch in Brasilien und in der Karibik unter jeweils unterschiedlichen politischen Vorzeichen statt. Verbunden war sie jeweils mit der Aufrechterhaltung und Pflege der afrikanischen religiösen Traditionen, die als Voodoo und Candomblé in den Südstaaten der USA, in Brasilien und in Kuba eine nicht unbedeutende Renaissance erlebt haben (vgl. Cohen 2007). Auch die polytheistischen Andenreligionen in Südamerika bestehen in enger Verflechtung mit dem Katholizismus weiter (vgl. Rösing 2001).

Migration, Identitätsverlust und Rassismus

Durch den wirtschaftlichen Niedergang der Südstaaten setzte in den USA nach dem Beginn des Ersten Weltkriegs eine Wanderungsbewegung vorwiegend afroamerikanischer Arbeiter in die Industriezentren des Nordens ein, wo binnen 20 Jahren die Einwohnerzahl auf das Fünffache anstieg. In Chicago wie in anderen Städten entstanden ausgedehnte Ghettos *(black belt)* mit teilweise mafiösen sozialen Strukturen. Die sehr viel raueren klimatischen Bedingungen erzwangen eine völlig andere Lebensführung. Zur ethnischen und religiösen Diskriminierung durch die weiße Oberschicht kamen die miserablen Lebensverhältnisse und die rücksichtslose Ausbeutung der schwarzen Arbeiter (vgl. Jost 1997a, S. 113). Dies alles führte in kaum vorstellbarem Ausmaß zu einem Verlust kollektiver Identität, sozialer Strukturen und religiöser Traditionen unter den afroamerikanischen Einwanderern. Zahlreiche Texte des Blues geben das daraus resultierende Lebensgefühl und den Überlebenswillen sprachlich wieder (vgl. Miller 1997).

Seit dem Ende des 19. Jahrhunderts war außerdem die Zahl europäischer Migranten in die USA sprunghaft angestiegen. Unter ihnen befanden sich wegen des wachsenden Antisemitismus vor allem in Russland und Südosteuropa zahlreiche Juden. Gegen diese jüdischen Einwanderer wurden ab 1924 gesetzliche Beschränkungen erlassen, die im Zeichen aufflammender rassistischer und antisemitischer Tendenzen in der amerikanischen Gesellschaft standen.

Angesichts dieser Tendenzen formierte sich vor allem unter den schwarzen Einwanderern Widerstand. Ein Ausdruck dieses Widerstands wurde unter anderem die *Harlem Renaissance*, eine kulturelle Strömung, aus der unter anderem Choreografien und Straßentheater entstanden (vgl. Schmidt 2006, S. 91f.). Ein anderer subversiver Ausdruck dieses Widerstands wurde der Chicago Jazz und in den Dreißigerjahren der Swing. Der *Shuffle*, jenes unbestimmbare ternäre Rhythmuselement im Swing, unterläuft permanent das europäisch-abendländische Rhythmusgefühl, sodass es zu einer Paralyse des Gleichschritts kommt: »Wer den Swing in sich hat, ob er im Saal steht oder auf der Bühne, kann nicht mehr im Gleichschritt marschieren« (vgl. Schumann 1997, S. 208).

Im Swing hat sich arabisch-afrikanische Polyrhythmik mit der Musik der jüdisch-osteuropäischen Emigranten vereinigt:

> »Jüdische Musik swingt aus sich heraus. Sehr viele große amerikanische Swingkomponisten kommen aus Familien jüdischer Emigranten, aus Rumänien, Ungarn und Russland. George Gershwin, Cole Porter, Irving Berlin, Harry James und Benny Goodman – wenn sie nicht schwarz waren, waren sie Juden und trugen ihre Tradition mit in diese Musik hinein. Genaugenommen entstand Jazz aus der Konfrontation afrikanischer und europäischer, meist jüdischer Musikkultur in Amerika« (Schumann 1997, S. 33f.).

Ein wichtiger Höhepunkt für die öffentliche Wahrnehmung und Akzeptanz dieser Bewegung war der 23. Dezember 1938, an dem erstmals in der Geschichte der New Yorker Carnegie Hall ein Konzert schwarzer Musiker in ihren Räumlichkeiten stattfand.

Das Ringen um Individualität

Mit dem Bebop verlor der Jazz ab 1940 seinen Charakter als Massenbewegung. Der neue Stil war wie die Musiker, die ihn spielten: exzentrisch, sarkastisch und oft sehr provokant. Galten anfänglich häufig noch europäische Impressionisten wie Debussy und Ravel als Vorbilder, so bildete sich bald ein sehr eigener polyrhythmischer Stil heraus, der auf die afrikanischen und arabischen Wurzeln zurückverwies (vgl. Hodeir 1997). Diese Entwicklung war Teil einer spezifisch nordamerikanischen Prägung des Modernismus, in dem zahlreiche afroamerikanische Künstler sich auf ihre kulturellen und religiösen Traditionen besannen (vgl. Hornung 2006, S. 111f.).

Viele Bebop-Musiker hatten Probleme mit Alkohol und Drogen oder wurden psychiatrisch auffällig. Die meisten lebten unter erbärmlichsten Umständen und starben früh. Es waren wiederum europäische Juden, die sich ihrer annahmen. Pannonica *(Nica)* Baronesse de Koenigswarter, eine geborene Rothschild, nahm zahlreiche bekannte Bebop-Musiker in ihr *Cathouse* in New Jersey auf, pflegte und unterstützte sie und ihre Familien. Thelonious Monk ging bei ihr ein und aus. Charlie Parker verstarb in diesem Haus durch einen epileptischen Anfall; er war schwer alkoholkrank. Vielen anderen konnte *Nica* jedoch das Überleben sichern. Aus Dankbarkeit wurden ihr dafür von ihren *Cats* (wie sich die Jazzmusiker damals nannten) im Laufe der Zeit an die 20 Jazztitel gewidmet (vgl. de Koenigswater 2008).

Andere Wege gingen Alfred Lion und Francis Wolff. Sie waren deutsche Juden, die Ende 1939 in New York das Plattenlabel *Blue Note Records* gründeten. Damit gelang es den beiden im Laufe der Zeit, sämtliche maßgeblichen Musiker des Bebop für Studioaufnahmen zu gewinnen und ihnen so eine bescheidene finanzielle Absicherung zu gewähren.

Hierdurch entstand eine nahezu vollständige Diskografie dieses Musikstils. Es wäre aber auch gar nicht möglich gewesen, die Stücke in ihrer ganzen Spontaneität und Komplexität auf andere Weise, zum Beispiel in Notenschrift, zu transkribieren. Die entscheidende technische Voraussetzung für die Dokumentation und Verbreitung des Bebop war die Erfindung der Vinylschallplatte und des elektronischen Verstärkers. Dadurch fiel die zeitliche Begrenzung der Musikstücke auf etwa drei Minuten weg, wie sie für die Schellackplatte und das Grammophon gegolten hatte. Auf diese Weise eröffnete sich den Musikern eine bis dahin ungeahnte improvisatorische Freiheit (vgl. Cook 2004).

Auswirkungen auf Europa

Während man Ende des 19. Jahrhunderts in den USA, insbesondere nach der endgültigen Aufhebung der Sklaverei, die Farbigen als Bedrohung empfand und ihre Mobilität und die Freiheit der Berufswahl einschränkte, bestaunte man schwarze Künstler in Europa in dieser Zeit als Exoten. Cakewalk- und Ragtime-Gruppen traten zu Anlässen wie der Pariser Weltausstellung 1900 auf. Ihr Einfluss auf die Musiköffentlichkeit war jedoch gering. Das änderte sich erst im Verlauf des Ersten Weltkriegs, als farbige amerikanische Soldaten in Frankreich stationiert waren und damit dort einen Ausgangspunkt für die Entwicklung des Jazz in Europa setzten (vgl. Lotz 1997, S. 291f.).

Dass in Europa jedoch unter der Bezeichnung *Jazz* etwas ganz anderes populär wurde als in Chicago und New York, zeigt das Beispiel der schwarzen Künstlerin Josephine Baker: Sie war weder mit dem Jazz vertraut, noch konnte sie sonderlich gut singen oder tanzen. Aber sie war zur richtigen Zeit am richtigen Ort und wurde dank ihres Temperaments und ihrer Fähigkeit, sich auf der Bühne mit einer sehr körperbezogenen Lebendigkeit zu präsentieren, zum Inbegriff des *Jazz Age* in Europa schlechthin: »Ihr Popo, mit Respekt zu vermelden, ist ein schokoladener Grießflammeri an Beweglichkeit, und sie ist mit Recht stolz auf diese Gabe der Natur«, urteilte das Intellektuellenmagazin *Der Querschnitt* (vgl. Lotz 1997, S. 295).

Erst in den Dreißigerjahren trat eine Änderung ein. Durch die Machtergreifung der Nationalsozialisten in Deutschland wurde Paris endgültig zum Zentrum des Jazz. Aber auch dort blieb der Sinto-Gitarrist Django Reinhardt für lange Zeit der einzige, der im europäischen Jazz einen unverwechselbaren Stil entwickelte. Mit dem Ausbruch des Zweiten Weltkriegs wurde der Jazz vor allem in den von Deutschland besetzten Ländern und Regionen zum Inbegriff von Freiheit und Demokratie, zum Symbol der Auflehnung gegen Unterdrückung und Gleichschaltung. Es kam beispielsweise zu Solidaritätsaktionen zwischen *Zazous* (eine Bezeichnung für Pariser Swing-Jugendliche) und Juden im besetzten Frankreich (vgl. Schumann 1997, S. 37). In dieser Zeit emanzipierten sich viele europäische Jazzmusiker von den amerikanischen Vorbildern und schlugen eigene Richtungen ein (vgl. Lotz 1997, S. 296f.).

Jazz im Nationalsozialismus

Anders war die Entwicklung in Deutschland. Berlin hatte sich nach dem Ersten Weltkrieg zu einer sehr lebendigen Metropole entwickelt, die Künstler aus aller Herren Länder anzog. Im Berliner Scheunenviertel lebten seit der Jahrhundertwende viele osteuropäische Juden, die vor den antisemitischen Pogromen in ihren Heimatländern geflohen waren. Die meisten von ihnen hatten ursprünglich nach Amerika auswandern wollen. Durch diese Emigranten war Ende der Zwanzigerjahre eine Musikszene mit zahlreichen Lokalen entstanden, in denen Jazz in internationaler Besetzung gespielt wurde. Die Atmosphäre ähnelte der in den Pariser Lokalen und in den Einwandererquartieren der Neuen Welt.

Vor allem jedoch in konservativ-deutschtümelnden Kreisen gab es bereits in dieser Zeit eine breite Mehrheit gegen die *jüdische Niggermusik*, wie der Jazz von den Nationalsozialisten später genannt wurde. Dies hatte zur Folge, dass der Jazz sich kaum über Berlin hinaus verbreitete. Ein ausdrückliches Verbot musste deswegen auch nach der Machtergreifung 1933 nie ausgesprochen werden. Es gab lediglich einen Erlass des Reichssendeleiters Hadamovsky, der ab 1935 den Jazz im Rundfunk verbot, sowie einige lokale Verbote.

In einem Artikel in der *Königsberger Allgemeinen Zeitung* vom 12.10.1935 zum Verbot von Jazz im nationalsozialistischen Rundfunk werden sehr präzise die Kriterien zur Unterscheidung des Jazz von *deutscher* Tanzmusik genannt: fehlende Melodieführung, atonale Akkorde und die Veränderung der Klangfarbe zulasten einer klaren Tonbildung (vgl. Lange 1997, S. 391). Bereits beim Swing also, auf den sich dieser Artikel bezieht, wird der scharfe Gegensatz des Jazz zur abendländischen Musikästhetik deutlich.

Jüdische Jazzmusiker hingegen wurden schon kurz nach der Machtübernahme von den Nationalsozialisten gezielt verfolgt. Viele von ihnen, wie die Weintraub Syncopators, emigrierten daher noch in den ersten Jahren nach 1933 ins Ausland. Leider blieben die meisten auch hier nicht von Deportation und Ermordung verschont (vgl. Lange 1997, S. 392).

Die subversive Popularität des Swing machte aber auch vor dem nationalsozialistischen Deutschland nicht Halt. Zahlreiche Tanzorchester und etwa zehn Jazzclubs spielten bis zum Beginn des Krieges in Deutschland Swingstücke, oft mit deutschen Titeln getarnt. Die Kontroversen um die meist jugendlichen Swingtänzer, um das *verzerrte Spielen der Instrumente*, die *gestopften Trompeten* und die *jaulenden Saxophone* zogen sich bis weit in Kreise der SA und später der SS hinein. Zu Beginn des Krieges kam es – bedingt durch das Verbot, Feindsender zu hören, und durch das Ende der Swing-Ära in den USA – zu einer Zäsur. Ab 1940 jedoch machte sich der Einfluss des Jazz in den von Deutschland überfallenen und besetzten Ländern immer deutlicher bemerkbar. Ihm konnten sich die Soldaten der deutschen Besatzungstruppen nicht entziehen; sie nahmen ihn auf und trugen ihn nach Hause (vgl. Hauber/Schulz-Köhn 1997, S. 335f.).

Psychoanalytischer Teil

Kohut, die Musik und die Selbstpsychologie

Unter den jüdischen Emigranten, die während der Dreißiger- und Vierzigerjahre in die USA kamen, befanden sich auch deutsche und österreichische Psychoanalytiker. Heinz Kohut gehörte zu ihnen. Er war 1938 unmittelbar nach dem Abschluss seines Medizinstudiums aus Wien nach England geflohen. Von da führte ihn sein Weg 1940 weiter nach Chicago, wo er zunächst eine neurologisch-psychiatrische und dann die psychoanalytische Ausbildung absolvierte. Im Gegensatz zu Freud hatte für ihn die Musik lebenslang eine zentrale Bedeutung: Seine Mutter war Sängerin und der Vater nebenberuflich Pianist.

Kohut veröffentlichte 1950 und 1957 noch aus einer ichpsychologischen Position heraus zwei Aufsätze zur Musik. Dort beschreibt er das *ekstatische Musikerlebnis*, in dem »der [...] Zuhörer nicht mehr klar zwischen sich und der Außenwelt [unterscheidet]; er empfindet die Töne als von ihm selbst hervorgebracht oder sogar als Teil seiner selbst, weil sie emotional das sind, was er fühlt« (Kohut 1950, S. 123). Musik könne sehr frühe namenlose Ängste lösen, indem sie die regressive Erfahrung eines primitiven narzisstischen Gleichgewichts vermittle. Diese frühen Ängste seien dem Stadium der Subjekt-Objekt-Differenzierung zuzuordnen:

> »Den tiefen Ängsten dieses Stadiums entsprechen in der Psychopathologie des Erwachsenen die namenlosen Ängste, die den Schizophrenen oder Paranoiker in den frühen Stadien seiner Krankheit überwältigen [...]; sie werden erlebt als Furcht vor dem unkontrollierten Verlust des Realitätskontakts oder als Furcht vor dauerndem Objektverlust« (Kohut 1957, S. 183).

Den Rhythmus ordnet er dem Primärprozess, Melodie und formales Erkennen hingegen dem Sekundärprozess zu. In diesem Sinn gebe es zwei *Sprachen* – die Sprache der Bedeutungen sowie die von Rhythmus und Stimmtönung. In den Artikeln klingt psychiatrische und musiktherapeutische Erfahrung an, wenn er schreibt: »Musikalische Aktivität ist unter Schizoiden relativ häufig und Schizoide scheinen unter Musikern relativ häufig zu sein« (Kohut 1957, S. 184).

1971 publiziert Kohut dann seine Theorie der psychoanalytischen Behandlung narzisstischer Störungen. Darin hat er die triebökonomische Sicht der Ichpsychologie zugunsten einer intersubjektiven Position verlassen, deren Kernstück die Selbstobjektübertragung darstellt. Kohut beschreibt damit eine Ebene der unbewussten Kommunikation zwischen Analysand und Analytiker, die vom Analytiker nicht ohne Einbeziehung seiner Gegenübertragungsreaktionen wahrgenommen werden kann. In diesem Zusammenhang weist er nach, dass bestimmte Symptome narzisstischer Patienten nicht Abwehrphänomene unbewusster Fantasien sind, sondern konkrete, d.h. nicht symbolisierte Interaktionen (vgl. Kohut 1976).

Modellszenen und Interaktionsformen

Lichtenberg in den USA und Lorenzer in Deutschland haben unabhängig voneinander Theorien über primäre Interaktionserfahrungen entworfen, die sich sehr ähneln: Was Lichtenberg als *Modellszene* beschreibt, heißt bei Lorenzer *Interaktionsform*. Gemeint sind in beiden Fällen unbewusste, nicht symbolisierte Interaktionen zwischen Mutter und Säugling, in denen elementare Bedürfnisse des Säuglings eine Handlungsgestalt erhalten und im prozeduralen Gedächtnis abgespeichert werden (vgl. Lorenzer 2002, S. 138f.; Lichtenberg 1992, S. 21ff.).

Als wesentliches Merkmal von Modellszenen beschreibt Lichtenberg die rhythmische Koordination und affektive Modulation dieser Interaktionen, über die Bezogenheit überhaupt vermittelt und als Eingestimmtsein erlebt werden kann (vgl. Lichtenberg 1992, S. 69, 184f.). Viele Lebensvorgänge laufen als rhythmische Aktivitäten ab und sind dabei präzise koordiniert. Mit der willkürlichen Beeinflussbarkeit dieser Aktivitäten wächst auch der potenziell dialogische, ko-konstruierte Charakter der betreffenden Handlungssequenz (vgl. Lichtenberg 1998, S. 117ff.).

In der psychoanalytischen Tanz- und Bewegungstherapie, die die Analytikerin Elaine Siegel in New York begründet hat, gelang es mithilfe von Musik und tänzerischer Improvisation, Modellszenen in der unmittelbaren Interaktion aufzuspüren und einer Bearbeitung zugänglich zu machen. Dabei spielte ein polyrhythmisches, vorwiegend unbewusstes Aufeinanderreagieren eine zentrale Rolle. In diesem Setting wurde es möglich, unter anderem jene Zustände elementarer Erstarrung und Angst in der *bezogenen* Bewegung zu erfahren und zu bearbeiten, wie sie Kohut aus der analytischen Situation beschrieben hatte (vgl. Siegel 1998, S. 97ff.).

Zerstörung nichtsprachlicher Praxis- und Sinngefüge

Für Lorenzer ist das Unbewusste ein nichtsprachliches Praxis- und Sinngefüge. Den Interaktionsspuren eignet eine nur in der Dyade erkennbare, insofern *private* Sinnhaftigkeit. Symbolisierung beginnt für ihn als präverbale Auseinandersetzung mit Gegenständen, den Übergangsobjekten bzw. Übergangsphänomenen Winnicotts. Für Lorenzer ist das die erste Erfahrung mit dem Dritten – dem Kollektiv, nicht dem Vater. Wie auch Winnicott sieht er in diesen ersten Gegenständen den Ursprung religiöser und damit kollektiv identitätsstiftender Symbole. Eine Zerstörung dieser Symbole hat eine mindestens vorübergehende Vernichtung der Symbolisierungsfähigkeit überhaupt zur Folge (vgl. Lorenzer 1991, S. 21ff.).

Elisabeth Rohr, eine Schülerin Lorenzers, hat in einer sozialpsychologischen Untersuchung gezeigt, wie es in den letzten Jahrzehnten durch den Einfluss protestantischer nordamerikanischer Missionen in verschiedenen Ländern Lateinamerikas zur Zerstörung traditioneller Symbolgefüge und damit zur Auflösung gewachsener sozialer Strukturen bei den Indios gekommen ist. Die relative Toleranz und Beschränkung der synkretistischen altspanischen Kulturtradition hatte ihnen genügend Freiräume für ihre eigene identitätsstiftende Symbolik gelassen. Indem diese Freiräume durch die Missionstätigkeit beseitigt wurden, kam es zur Vernichtung der Symbolisierungsfähigkeit und damit zur sozialen Auflösung. Verantwortlich dafür waren die Gnadenwahllehre dieser calvinistischen bzw. methodistischen Missionen und der daraus resultierende Fundamentalismus sowie das Sendungsbewusstsein ihrer Missionare (vgl. Rohr 1991). Ein vergleichbarer Zerstörungs- und Auflösungsprozess dürfte sich ab 1920 in den industriellen Zentren der USA an Millionen afroamerikanischer Zuwanderer aus dem Süden vollzogen haben.

Jazz als nichtsprachliches Praxis- und Sinngefüge

Free Jazz und der *unspoken dialogue*

Ende der 50er Jahre, also kurz nach dem Erscheinen von Kohuts zweitem Aufsatz, formulierte der Jazzmusiker Ornette Coleman den aufsehenerregenden Satz: »Let's play the music and not the background.« Der *Free Jazz*, der damit begründet wurde, ist unter anderem durch folgende Stilmerkmale charakterisiert: Das Infragestellen jeder Art von musikalisch-formalen Regeln (was jedoch nicht mit deren totaler Abschaffung identisch war); die wachsende Bedeutung des Aufeinanderhörens und spontanen Reagierens auf die anderen in der Gruppe; die Tendenz zur Kollektivimprovisation durch Aufhebung der Rollenverteilung zwischen Solo und Begleitung; die improvisatorische Gestaltung durch die Klangfarbe und amelodisches Spiel; sowie schließlich die Betonung von Energie und Intensität als kommunikative Elemente und als Auslöser kollektiver Ekstase (vgl. Jost 1997b, S. 241f.).

Coleman steuert damit in seiner Musik jenes regressive, ekstatische Fusionserlebnis an, das auch Kohut beschrieben hat. Dazu entwickelt er eine Technik der unmittelbaren musikalischen Interaktion, indem er genau jene Elemente der Musik dekonstruiert, die einer sekundärprozesshaften Bearbeitung im Sinne Kohuts unterliegen: die Form des Musikstücks, den geordneten Wechsel zwischen Melodie und Improvisation, die Unterscheidung von Solo und Begleitung, den festen Rhythmus und schließlich die melodische Orientierung zugunsten der Klangfarbe.

Was geschieht, wenn Musik auf solch *primärprozesshafte* Weise gespielt wird? Daniel Stern kam aufgrund von Interaktionsbeobachtungen zwischen Müttern und ihren Säuglingen zu dem Schluss, dass deren unwillkürliche gegenseitige affektive Abstimmung sich mit den konventionellen Affektkategorien (Vergnügen, Interesse, Ärger, Angst usw.) nicht ausreichend beschreiben lasse. Vielmehr sei es notwendig, den zeitlichen Verlauf des gemeinsamen Affektzustandes zu berücksichtigen, also beispielsweise sein Anschwellen, Verblassen, Aufwallen oder Sichhinziehen. Diese zeitliche Modalität von Affekten nannte er deren Vitalitätsdimension (vgl. Lichtenberg 1992, S. 184f.; Stern 1998, S. 85f.). Diese Vitalitätsdimension von Affekten erhält in der Kollektivimprovisation des Free Jazz zentrale Bedeutung. Steve Knoblauch, ein amerikanischer Psychoanalytiker, der gleichzeitig Jazzmusiker ist, spricht daher von der *musical edge* des *unspoken dialogue* in der psychoanalytischen Situation: Bedeutung auf vorsprachlicher Ebene wird in der Interaktionssequenz durch die Vitalitätsaffekte der Beteiligten ko-konstruiert – ähnlich wie Solisten und Begleitung im Jazz miteinander improvisieren (vgl. Knoblauch 2000, S. 59).

Musik am Tor zur Hölle

Sebastian Leikert hat den Orpheusmythos als Metapher auf jenen frühen Beziehungskonflikt angewandt, der – in ichpsychologischem Verständnis – in der psychischen Entwicklung zur Subjekt-Objekt-Differenzierung führt. Die Bedeutung der Musik beschreibt er dabei als *mimetische Symbolisierung*: »Musik transzendiert die erlebte körperliche Einheit mit der Mutter, weil sie ihre Parameter aufgreift und in ein Sprachsystem einschreibt, das ebenso wenig wie das frühe Erleben selbst die Unterscheidung von Subjekt und Objekt kennt« (Leikert 2005, S. 58). Die Verständigung erwächst aus dem mimetischen Handeln, aus der Interaktionsform oder Modellszene, in der die Vitalitätsaffekte aufeinander abgestimmt werden. Diese Verständigung durch die Musik schafft also vor jeglichem Kontakt über sprachliche Inhalte ein Gefühl von Bezogenheit, was anscheinend auch dann bestehen bleiben kann, wenn die Fähigkeit, sich sprachlich mitzuteilen, zerstört wird. Dies ist in traumatischen Situationen häufig der Fall. Dann geschieht Musik buchstäblich am Tor zur Hölle.

Der Jazzgitarrist Hans-Jakob *(Coco)* Schumann ist ein Überlebender des Holocaust. In seinen 1997 veröffentlichten Lebenserinnerungen schreibt er:

> »Ich bin ein Musiker, ein Musiker, der im KZ gesessen hat, kein KZler, der auch ein bisschen Musik macht. Die Lager und die Angst veränderten mein Leben grundsätzlich, aber die Musik hat es geführt, und sie hat es gut gemacht« (Schumann 1997, S. 215).

Schumann wurde 1924 im Berliner Scheunenviertel geboren. Seine Mutter stammte aus einer jüdischen, sein Vater aus einer christlichen Familie. Er wuchs mitten in der Musikszene dieses Viertels auf. Als Vierjähriger spielte er zum ersten Mal Schlagzeug. Mit zwölf Jahren kam er in Kontakt mit den *Swings* – Jugendlichen, die über den Jazz ihre Opposition zum Nationalsozialismus zum Ausdruck brachten und, wie in Hamburg, teilweise auch Kontakt zum Widerstand hatten (vgl. Schumann 1997, S. 37). Als 14-Jähriger hatte er seinen ersten Auftritt und von da an spielte er regelmäßig in der Szene.

1943 wird er verhaftet und nach Theresienstadt deportiert. Dort kommt er zu den *Ghetto-Swingers*, einer Jazzcombo, die mit Billigung der Gestapo zusammengestellt wird und für den Propagandafilm *Der Führer schenkt den Juden eine Stadt* spielen muss. Von den zahlreichen Musikern der Combo überleben nur drei. Schumann ist einer von ihnen. Kurz nach den Filmaufnahmen 1944 kommt auch er nach Auschwitz. Sogar dort findet er Kontakt zu Musikern und gelangt in eine Jazzkapelle, die den SS-Mannschaften aufspielen muss. Er schreibt darüber:

> »Der Mensch ist eine merkwürdige Erfindung. Unberechenbar und gnadenlos. Die Bilder, die ich in jenen Tagen sah, waren nicht auszuhalten, und

> doch hielten wir sie aus. Wir spielten Musik dazu, ums nackte Überleben. Wir machten in der Hölle Musik. Eines der Lieblingslieder der Nazischergen war ›La Paloma‹ […]. Wir saßen am Tor des Vernichtungslagers und spielten dieses Lied von der Sehnsucht, vom Meer, den Sternen und dem Glück der Freiheit: ›Ein Wind weht von Süd und zieht mich hinaus auf See. Mein Kind, sei nicht traurig, tut auch der Abschied weh …‹ Die Kinder, die an uns vorübergingen, schauten mir direkt in die Augen, ich schaute nicht weg. Sie wussten genau, wohin sie gingen. Diese Bilder sind auf meiner Netzhaut eingebrannt. Ich kann noch so oft blinzeln. Manchmal hilft mir, dass die Tränen kommen, aber kaum öffne ich die Augen, ist das Bild wieder da. Mit ihnen ist in mir endgültig etwas zerbrochen, das nicht zu reparieren ist« (Schumann 1997, S. 86).

Im Januar 1945 übersteht er den Todesmarsch nach Dachau. Dort lebt er monatelang in Erdmulden unter freiem Himmel, bis das Lager im April durch die Amerikaner befreit wird. Er erkrankt an Flecktyphus. Als er genesen ist, kehrt er nach Berlin zurück und findet seine Eltern wieder, die beide am Leben geblieben sind. Die Großeltern, Tante und Onkel jedoch waren in Auschwitz ermordet worden.

Noch 1945 wird Schumann Mitglied des Helmut Zacharias Quartett. Jahrzehntelang tritt er von da an als Musiker im In- und Ausland auf. Er spielt überwiegend Tanz- und Unterhaltungsmusik. Erst als 60-Jähriger wendet er sich wieder dem Jazz zu, der bereits seine Kindheit begleitet hatte. Sein privates Leben in dieser Zeit war oft nicht einfach. Lange versuchte er, durch Vergessen Distanz zu den grauenhaften Erinnerungen und den Schuldgefühlen als Überlebender zu gewinnen, aber es gelang ihm nicht. Schließlich fasste er den Entschluss, die Erinnerung bewusst anzunehmen und darüber zu sprechen:

> »Ich musste Wege finden, von meinem Leben zu erzählen, genau wie ich Wege gefunden hatte, wieder *La Paloma* zu spielen. Ein definitiv wahres und authentisches Erzählen von Leben und Gefühlen in Auschwitz ist nicht möglich, aber jeder neue Versuch ein wichtiger Teil der Geschichte, die jenen Tagen folgt. Viele Menschen sind auch heute nicht in der Lage, sich damit auseinanderzusetzen oder gar davon zu berichten. Täglich verzweifeln Menschen im Nachhinein daran. Bei jedem, mit dem das passiert, hat Hitler doch noch gesiegt« (Schumann 1997, S. 212).

Aus diesem Entschluss heraus entstehen mehrere Interviews und Filme. Er trifft auf alte Freunde, so auf Martin Roman, einen weiteren der drei

Überlebenden der *Ghetto-Swingers*. Immer wieder, so scheint es, erlebt er auf diesem Weg unaussprechliche Gefühle und findet doch stets wieder zur Sprache zurück. In einer Situation gelingt ihm das jedoch nicht mehr. Während eines Kuraufenthalts 1997 kommt er in einem Lokal mit zwei Mitpatienten ins Gespräch. Es sind Polizisten. Das Gespräch nimmt nach einer Weile eine unerwartete Wende:

> »Dann kamen sie auf das ›alte Märchen‹ von den KZs, dem Gas und den Öfen. Schließlich wisse jedes halbwegs kluge Kind, Auschwitz sei eine einzige große Lüge. Die Freunde und Helfer hoben ihre Gläser, das Karussell nebenan schickte bunte Lichter zu uns herüber. Ich wusste nicht, wie mir geschah, wie ich mich verhalten oder was ich sagen sollte. Einige Zeit zuvor […] hatte eine Ansichtskarte in meinem Briefkasten gelegen […]. Der anonyme Gruß lautete: Jud' hör mit deinen Schmähs auf, du spielst sonst in keinem Ghetto-Orchester mehr. Die ostmärkischen Sturmscharen werden dich holen! In den Tagen darauf kamen mehrere Anrufe, die mich ›Judensau‹ davon in Kenntnis setzten, dass sie wüssten, wie mein Haus anzuzünden sei. Kurze Zeit hatte ich überlegt, ob ich die Vorfälle den Behörden melden sollte. Letztendlich mochte ich mich ihnen aber nicht anvertrauen. Es war nur ein Gefühl gewesen – und jetzt saß ich hier mit ein paar Ordnungshütern, die mir altem Herrn offenbar beweisen wollten, dass auch die Jugend sich wieder Gedanken macht und Auschwitz mit pointierten Parolen kritisch hinterfragt. Ich unterbrach meinen Nebenmann mitten in seinem Satz, den ich nicht mehr verfolgt hatte, stellte mein Glas ab, schaute in die Runde und sagte: ›Meine Damen und Herren, es tut mir furchtbar leid, ich möchte Ihnen nicht den schönen Abend verderben. Aber ich weiß es besser. Ich war da.‹ Ihre Reaktion wartete ich nicht mehr ab. Ich drehte mich um, ging fort, bummelte durch die nächtliche Stadt und pfiff mir meinen Teil« (Schumann 1997, S. 220f.).

Es folgt der Text des Jazzstandards *I Got Rhythm* und mit ihm endet das Buch:

> I got rythm
> I got rhythm, I got music.
> I got my girl – Who could ask for anything more?
> I got daisies in green pastures.
> I got my girl – Who could ask for anything more?
> Old man trouble, I don't mind him!
> You won't find him 'round my door!

I got rhythm, I got music.
I got my girl – Who could ask for anything more?

Der Zynismus, mit dem die beiden Polizisten die Auschwitz-Lüge aussprechen, ähnelt auf beklemmende Weise jenem Zynismus, mit dem die Nationalsozialisten die Lügen und das Schmierentheater über Theresienstadt verbreitet haben. *I Got Rhythm* war die Erkennungsmelodie der *Ghetto-Swingers*. Dieses Stück mussten die Musiker nicht spielen, sondern sie hatten es sich selbst ausgesucht. Vor diesem Hintergrund bekommt der so harmlose Text des Stücks eine Fülle von Mehrdeutigkeiten: *Daisies in green pastures* erinnert an die englische Redewendung *to push up the daisies*, was so viel bedeutet wie »sich die Radieschen von unten ansehen«. *Old man trouble* lässt an die *Muselmänner* denken, jene vom Tode gezeichneten Menschen, die uralt aussahen und binnen weniger Tage starben. Ausgelöst durch den Zynismus erscheinen die Bilder des Todes und mit ihnen die Melodie, das lebendige Gefühl mit den anderen.

Dass Coco Schumann die Zeit in Theresienstadt und Auschwitz physisch überlebt hat, ist ein Zufall. Dass er aber an dieser Situation psychisch nicht zerbrochen ist, hat offensichtlich mit der Musik zu tun. Sie hat sein Leben geführt und sie hat es gut gemacht. Das erscheint mir als die Botschaft, mit der das Buch endet.

Ich habe in meiner Betroffenheit große Zweifel, ob dies angemessene Worte sind für die letzten Augenblicke, die Coco Schumann in seinem Buch schildert. Ich weiß auch nicht, ob es mir zusteht, diese Worte zu verwenden. Aber ich fühle mich durch die Offenheit seines Buches ermutigt, nach eigenen Worten zu suchen – selbst wenn sie sich als unangemessen, missverständlich oder falsch herausstellen sollten.

Frühe Interaktionserfahrungen und Sozialisation

Der israelische Psychoanalytiker H. Shmuel Erlich benennt in seinem Vortrag über die Nazarethkonferenzen auf dem IPA-Kongress 2007 in Berlin die Auswirkungen der emotionalen Deprivation in den frühen Eltern-Kind-Beziehungen der deutschen Teilnehmer als einen fundamentalen Aspekt von deren Problematik. Er vermutet sogar, dass Gefühle von Schmerz und Isolation in den frühen Kindertagen bei der Entscheidung dieser Teilnehmer, Psychoanalytiker zu werden, eine Rolle gespielt haben könnten. Trotz aller äußeren Normalität habe anscheinend ein verheerender Mangel an Zuwendung und einfühlender Wahrnehmung bestanden (vgl. Erlich 2007).

Diese Feststellung bezieht sich offensichtlich in erster Linie auf die Mütter, die sicherlich bei der teilnehmenden Generation von Psychoanalytikern in den Kriegs- und Nachkriegsjahren die Hauptlast der Erziehung getragen haben. Mehr noch gilt dies aber für die Väter, bei denen bis in die Gegenwart hinein eine verbreitete Scheu, ein Sträuben besteht, sich überwiegend der Beziehung zu ihrem Baby zu widmen und sich damit rückhaltlos auf primärprozesshafte Erlebnisformen einzulassen (vgl. Metzger 2005).

Weshalb verhält es sich so? Warum sind Väter und Mütter so hilflos, wenn sie sich mit ihren kleinen Kindern auf ein nonverbales Erleben einlassen sollen? Man braucht in der Geschichte nicht sehr weit zurückzugehen, um auf die erzieherischen Grundsätze zu stoßen, die dieses Defizit einerseits erzeugen und andererseits als sinnvoll rechtfertigen. In einer kleinen Schrift *Über die Erziehung der Kinder* legt beispielsweise der evangelische Religionspädagoge Friedrich Delekat 1948 dar:

> »Die Legende vom ›unschuldigen Säugling‹ ist durch einige Erkenntnisse, die seitens der ärztlichen Seelenkunde zutage gefördert wurden, gründlich zerstört worden. Es hat sich gezeigt, daß alle jene Triebe, die dem erwachsenen Menschen später so viel zu schaffen machen, schon in dem ganz kleinen Kinde stecken« (Delekat 1948, S. 9).

Es folgt eine Aufzählung der Leidenschaften: Geschlechtstrieb, Egoismus, Herrschsucht, Eifersucht, Gier und Neid. Delekat nimmt Bezug auf das Bibelwort, dass das Dichten und Trachten des menschlichen Herzens böse von Anfang an sei (1. Mose 8, 21) und führt aus, man könne die kindlichen Triebe nur »vorsichtig und kunstgerecht beschneiden« (Delekat 1948, S. 10). Er lässt keinen Zweifel daran, dass das Kind insofern von Geburt an sündig und allein auf die Gnade Gottes angewiesen sei. Diese Gnade zeige sich im ersten Lächeln; dies sei der erste Widerschein des Geistes Gottes im Menschen.

In der Praxis plädiert Delekat für die frühzeitige Gewöhnung an Sauberkeit und Ordnung: »Tadellose Sauberkeit, Regelmäßigkeit in der Verabreichung der Mahlzeiten, frühzeitige Gewöhnung an das Durchschlafen bei Nacht, alles dies ist bereits Erziehung zur Ordnung. Und Ordnung ist, wie das Sprichwort sagt, das halbe Leben« (Delekat 1948, S. 14). Außerdem betont er die Bedeutung des frühzeitigen Erlernens der Sprache als erster geistiger Leistung. Dahinter steht die Auffassung, dass erst die Sprache das Kind die Ordnung der Welt erfahren lasse.

Die Erbsünde, aus der bereits das Neugeborene nur durch die Gnade Gottes erlöst werden könne, das erste Lächeln als Widerschein des Geistes Gottes im Kinde, die Leidenschaften, die die Mutter beschneiden müsse, um Ordnung walten zu lassen, und die frühe Spracherziehung – all das beruht auf christlichen Dogmen, die auf empfindliche Weise in das frühe dyadische Erleben von Mutter und Kind eingreifen und das Entstehen von nichtsprachlichen Praxis- und Sinngefügen tief greifend verändern, wenn nicht gar verhindern können. Der Mutter ist es kaum möglich, in der Interaktion etwas über sich und ihr Kind zu erfahren und das Kind erlebt sich im Extremfall als nicht bezogen, sondern allein. Dies wiederum schafft die Voraussetzung dafür, dass es selbst später die illusionäre Vorstellung einer individuellen Geborgenheit in Gott entwickelt, anstatt sich mit anderen verbunden zu erleben.

Möglicherweise hat also die enorme sprachliche Differenzierung und die Entfaltung des Verständnisses von Individualität, wie es sich mit Beginn der Neuzeit in Europa entwickelt hat, einen hohen Preis gekostet: Das Scheitern der Transformation intersubjektiver dyadischer Interaktionsformen in kollektive Sprache auf breiter Ebene. Diese Interaktionsformen wären somit von der Sprache abgeschnitten und insofern gesellschaftlich unbewusst geblieben und auch nicht mehr tradiert worden – zumindest in bestimmten gesellschaftlichen Schichten. Die jahrhundertelang geübte Praxis der höheren Stände, Säuglinge zu Ammen außer Hause zu geben (vgl. deMause 1977, S. 55f.), dürfte dieses *Scheitern* enorm begünstigt und insofern kulturfördernd gewirkt haben:

> »Sofern es sich um ein kollektives Scheitern d.h. um ein Scheitern der Vermittlung von Sprachfiguren und Interaktionsformen bei den Individuen ganzer Stämme, Völkerschaften und Sprachgemeinschaften handelt, nennen

> wir die Resultate eines solchen Scheiterns ›Kultur‹ (im Sinne einer allgemein gültigen Lebensordnung), sofern das Scheitern Einzelne, viele Vereinzelte trifft, heißen wir es Neurose« (Lorenzer 2002, S. 178–180).

Freilich lässt Lorenzer es nicht bei einer solchermaßen defizitären Definition von Kultur bewenden, sondern fügt im Folgenden hinzu, dass Kultur sich ebenso aus der gelungenen Transformation von Interaktionsformen in Sprachfiguren rekrutiere. Spezifisch für die jeweilige Kultur sei jedoch, welche Interaktionsformen von der sprachlichen Repräsentation und damit vom Bewusstsein abgeschnitten oder aber – im Sinne einer Rationalisierung – sekundär wiederum mit einem anderen Handlungskontext verknüpft worden seien (vgl. Lorenzer 2002, S. 181, 189).

Vermittlung zwischen Interaktionsformen und Sprachfiguren

Wenn wir uns nun abschließend wieder den eingangs aufgestellten vier Thesen zuwenden, so können wir zusammenfassend folgende Aussagen machen:

Ad 1: Als der Jazz sich von der Massenbewegung zur Kunstrichtung entwickelte und parallel dazu die psychoanalytische Selbstpsychologie entstand, waren die Vereinigten Staaten innenpolitisch von dem Konflikt zwischen militanten rassistischen Gruppen und der schwarzen Bürgerrechtsbewegung beherrscht. Unter den zahlreichen Dimensionen dieses gesellschaftlichen Konflikts vermag man unter Zuhilfenahme von Lorenzers Konzept des Kulturprozesses einen bedeutsamen Aspekt zu erkennen: Offenbar standen sich auf der einen Seite *emotionslose Sprachzeichen* (vgl. Lorenzer 1991, S. 28) bei den meist protestantischen Weißen und auf der anderen Seite eine tradierte Praxis kollektiver Identitätsbildung durch Rituale, Tanz und Musik bei den katholisch-synkretistischen Afroamerikanern gegenüber. Bei den Angehörigen der weißen Oberschicht löste die von den Schwarzen praktizierte primärprozesshafte Art der Kommunikation Aversion, Hass und Vernichtungsbestrebungen aus, weil sie vielleicht eigene frühe Ohnmachts- und Deprivationserfahrungen aktualisierte. Umgekehrt war es den Afroamerikanern erst allmählich möglich, sich in ihrer Kulturtradition politisch und künstlerisch zu artikulieren. In diesem Spannungsfeld hat sich der Jazz von der Massenbewegung bis hin zur Kunstform entwickelt. Im gleichen Spannungsfeld befanden sich jedoch die jüdischen Einwanderer – zum einen, weil auch sie der Rassendiskriminierung durch die protestantische Oberschicht unterlagen, zum anderen jedoch, weil sie selbst aus einer von Toleranz geprägten Glaubens- und Kulturtradition schöpfen konnten. Gleichzeitig waren die meisten von ihnen mit dem europäischen Rationalismus vertraut. In diesem Sinn vollzieht Kohuts Beschreibung der narzisstischen Übertragung den Weg von der Sprachfigur zur Interaktionsform und von dort wieder zurück zur Sprachfigur.

Ad 2: In der Stilentwicklung des Jazz kann man die schrittweise Aufgabe sekundärprozesshafter Musikbestandteile zugunsten eines spontanen Aufeinanderreagierens der Musiker bis hin zur Kollektivimprovisation im Free Jazz beobachten. Das, was sich dabei zumindest unter den Musikern entwickelt, entspricht weitgehend der kollektiven Trance, die noch heute ein konstituierendes Element des religiösen afrikanischen Tanzes ist und in der Religiosität des Voodoo und des Candomblé praktiziert wird (vgl. Elwert-Kretschmer 1997, Cohen 2007). Insofern knüpft die Jazzimprovisation insbesondere seit der Bebop-Ära bewusst an afrikanische Traditionen an und bringt sie auf künstlerische Weise zum Ausdruck. Inzwischen hat diese Art der freien Improvisation auch in der neuen europäischen Musik zunehmende Bedeutung erhalten (vgl. Büchter-Römer 1991). Die hierbei entstehenden Interaktionsbeziehungen der Musiker untereinander und zum Publikum lassen sich mit den Termini der narzisstischen Gruppenübertragung als Modellszenen untersuchen und beschreiben. Insbesondere nimmt dabei die gegenseitige affektive Bezogenheit durch Rhythmisierung und durch Abstimmung der Vitalitätskonturen im Spiel eine zentrale Rolle ein.

Die psychoanalytische Selbstpsychologie hat sich aus der Ichpsychologie entwickelt, die – vor allem unter den europäischen Emigranten in den USA – von einem starken Bedürfnis nach möglichst exakten Begriffsdefinitionen geprägt war (vgl. Hartmann et al. 1946). Auf der Suche nach den Ursprüngen der psychischen Struktur wie auch bei dem Versuch, die definierten Begriffe in Deutungen in der psychoanalytischen Situation zu verwenden, entstanden jedoch zunehmend Widersprüche, die nicht geklärt werden konnten (vgl. Schur 1973, S. 23f.). Mit dem Konzept der narzisstischen Selbstobjektübertragung verließ Kohut den begrifflichen Rahmen der Ichpsychologie und versuchte, konkrete, d.h. nicht symbolisierte Interaktionen zwischen Analysand und Analytiker einer Transformation in den Sekundärprozess zu unterziehen und damit analytisch bearbeitbar zu machen. In der Säuglingsbeobachtung, die bald zu der psychoanalytischen Situation als Erkenntnisquelle hinzukam, wird dieses Hinzukommen des Dritten konkret-praktisch vollzogen: Die Mutter-Kind-Dyade wird durch einen von außen kommenden, jedoch emotional beteiligten Beobachter sekundärprozesshaft beschrieben und damit sprachlich erschlossen. In der analytischen Situation kann man diese nonverbale unbewusste Interaktion beider Beteiligten zutreffend als die *musikalische Seite* des analytischen Dialogs bezeichnen (vgl. Knoblauch 2000).

Ad 3: Die afrikanische Musiktradition, auf die sich der Jazz bezieht, bestand aus einer unübersehbaren Fülle *privater*, d.h. nicht öffentlich, sondern nur in der Dyade oder Gruppe verstehbarer, überlieferter Interaktionsformen. Unter dem vermittelnden Einfluss zunächst der iberischen Auswanderer und später der jüdischen Emigranten aus Mittel- und Osteuropa entstand daraus zunächst ein öffentlich verstehbares Praxisgefüge. Nur vor dem Hintergrund dieser öffentlichen Verstehbarkeit als Musik und Tanz konnte der Jazz schließlich stilistisch eine Entwicklung hin zur künstlerischen Individuation nehmen, die eine breite Vielfalt persönlicher Stile und Ausdrucksmöglichkeiten eröffnete. Der Jazz vollzieht also in seiner Entwicklung eine Pendelbewegung zwischen *privater* dyadischer Bezogenheit der Musiker und *öffentlicher* triadischer Verstehbarkeit. Jazzimprovisation als Medium künstlerischer Artikulation *veröffentlicht* auf diese Weise private, nonverbale Kommunikation. Die politische Funktion dieser Veröffentlichung bestand und besteht darin, afrikanische Tradition und afroamerikanische Identität in einem überwiegend sprachzentrierten Kontext verstehbar und kommunizierbar zu machen.

Diese Pendelbewegung geht immer wieder von der dyadischen Form zwischenmenschlicher Beziehung aus und hat die Artikulation der dort sich gemeinsam vollziehenden Erfahrung zum Ziel. Dies ist in der Jazzimprovisation, in der Mutter-Kind-Beziehung, beim analytischen Paar wie auch in der fusionären Beziehung des Einzelnen zur Gruppe der Fall. Der Dritte im Bunde ist beim Jazz das Publikum. In der Mutter-Kind-Beziehung ist es das *sozialisierte* Bewusstsein der Mutter, in der sich das Kollektiv widerspiegelt, beim analytischen Paar die Reflexion des Analytikers und in der Gruppe die Außensicht des Gruppenleiters, der als Teilnehmer und Repräsentant der äußeren Realität eine doppelte Funktion einnimmt.

Ad 4: Die obszöne Popularität der Josephine Baker und anderer Tänzerinnen zu Beginn des 20. Jahrhunderts weist darauf hin, dass in der damaligen europäischen Öffentlichkeit die tänzerische Darstellung des eigenen Körpers auf der Bühne in der Regel auf sexualisierte Weise wahrgenommen wurde. Anders als im afroamerikanischen Milieu war in den europäischen Gesellschaften anscheinend ein Bewusstsein über die kommunikative Bedeutung kollektiver nichtsprachlicher Interaktionsformen nicht oder nicht mehr vorhanden. Öffentliche Rituale und Zeremonien waren ausnahmslos von jeglicher Spontaneität befreit; man fürchtete die Unberechenbarkeit des Pöbels. Insbesondere der im Pietismus seit dem 17. Jahrhundert praktizierte intrusive Erziehungsstil (vgl. deMause 1977, S. 83–85) zielte darauf ab, bei Kindern durch Dressurakte so früh wie möglich die Erfahrung spontaner Bewegung und freien Spiels zu vereiteln und sie stattdessen zu Selbsteinkehr und nutzbringender Tätigkeit anzuhalten. Alles irgendwie ekstatische Verhalten geriet rasch in den Verdacht teuflischer Besessenheit. Insofern nimmt es nicht wunder, dass Freud mit der Veröffentlichung der *Drei Abhandlungen zur Sexualtheorie* 1905 wütende Reaktionen hervorrief.

Die *körperbetonte* Musikalität besonders des Swing und davor bereits der Charleston konfrontierte die europäischen Zuhörer auf subversiv ansteckende Weise mit diesen Defiziten. Ein verbreiteter Effekt wird daher die jeweils individuelle Aktualisierung sehr früher Erfahrungen von Ohnmacht, Hilflosigkeit, Einsamkeit oder auch Gewalt gewesen sein. Die Reaktionen darauf waren dann die Diffamierung der *jüdischen Niggermusik*, Rassismus oder aber der gezielte Versuch der Vernichtung der Repräsentanten dieser frühen Beziehungserfahrungen.

Hier nun schließt sich der Kreis zu der eingangs aufgeworfenen Fragestellung: Insoweit der Jazz als subversive Massenbewegung wie auch als künstlerische Ausdrucksform seine Zuhörer mit dem kulturell bedingten Erfahrungsdefizit an kollektiven nichtsprachlichen Interaktionsformen konfrontiert, verfolgt er in der Tat sehr ähnliche emanzipatorische Ziele wie die Psychoanalyse – auch wenn die Methoden und Entwicklungswege sich doch sehr unterscheiden.

Literatur

Apfelbaum, Bernard (1962): Probleme der gegenwärtigen Ich-Psychologie. In: Kutter, Peter & Roskamp, Hermann (Hg.) (1974): Psychologie des Ich. Psychoanalytische Ich-Psychologie und ihre Anwendungen. Darmstadt (Wissenschaftliche Buchgesellschaft), S. 276–290.

Baumgartner, Heinrich (1997a): Jazz und traditionelle afrikanische Kultur. In: Wolbert, Klaus (Hg.): That's Jazz. Der Sound des 20. Jahrhunderts. Darmstadt (Häusser Verlag), S. 3–6.

Baumgartner, Heinrich (1997b): Das Verzahnungsprinzip als Beispiel für traditionelle Musikgestaltung in Schwarzafrika. In: Wolbert, Klaus (Hg.): That's Jazz. Der Sound des 20. Jahrhunderts. Darmstadt (Häusser Verlag), S. 7–8.

Berliner, Paul F. (1994): Thinking in Jazz. The Infinite Art of Improvisation. Chicago/ London (The University of Chicago Press).

Büchter-Römer, Ute (1991): New Vocal Jazz. Untersuchungen zur Zeitgenössischen Improvisierten Musik mit der Stimme anhand ausgewählter Beispiele. Frankfurt a. M./Bern/New York/Paris (Peter Lang).

Cable, George Washington (1886): The Dance in the place Congo and Creols Slave Songs. In: Wolbert, Klaus (Hg.) (1997): That's Jazz. Der Sound des 20. Jahrhunderts. Darmstadt (Häusser Verlag), S. 33–37.

Cocks, Geoffrey (1994): The Curve of Life. Correspondence of Heinz Kohut 1923 – 1981. Chicago/London (The University of Chicago Press).

Cohen, Emma (2007): The Mind Possessed. Oxford (Oxford University Press).

Cook, Richard (2004): Blue Note. Die Biographie. Aus dem Englischen von Andrea Stumpf und Gabriele Werbeck. Berlin (Argon).

de Koenigswarter, Pannonica (2007): Die Jazzmusiker und ihre drei Wünsche. Stuttgart (Philipp Reclam jun.).

Delekat, Friedrich (1948): Über die Erziehung der Kinder. Gladbeck (Heilmann).

deMause, Lloyd (1977): Evolution der Kindheit. In: deMause, Lloyd (Hg.) (1980): Hört ihr die Kinder weinen. Eine psychogenetische Geschichte der Kindheit. Frankfurt a. M. (Suhrkamp), S. 12–111.

Elwert-Kretschmer, Karola (1997): Religion und Angst. Soziologie der Voodoo-Kulte. Frankfurt a. M./New York (Campus).

Erlich, H. Shmuel (2007): Persönliche Überlegungen zum Selbstbild und Identitätsgefühl der Deutschen. Psyche – Z psychoanal 61(4), 386–393.

Fabre, Michel (2006): Between Catholicism and Voodoo: The Creoles of Colour in Louisiana. In: Herget, Winfried & Hornung, Alfred (Hg.): Religion in African-American culture. Heidelberg (Winter), S. 1–20.

Hartmann, Heinz; Kris, Ernst & Loewenstein, Rudolph M. (1946): Anmerkungen zur Entwicklung der psychischen Struktur. In: Kutter, Peter & Roskamp, Hermann (Hg.) (1974): Psychologie des Ich. Psychoanalytische Ich-Psychologie und ihre Anwendungen. Darmstadt (Wissenschaftliche Buchgesellschaft), S. 105–140.

Hauber, Annette & Schulz-Köhn, Dietrich (1997): Jazz im besetzten Frankreich (1940 – 1945). In: Wolbert, Klaus (Hg.): That's Jazz. Der Sound des 20. Jahrhunderts. Darmstadt (Häusser Verlag), S. 335–344.

Hellhund, Herbert (1997): »It Don't Mean A Thing If It Ain't Got That Swing« (Duke Ellington). In: Wolbert, Klaus (Hg.): That's Jazz. Der Sound des 20. Jahrhunderts. Darmstadt (Häusser Verlag), S. 141–166.

Hodeir, André (1997): Bebop – ein Kind der Nacht. In: Wolbert, Klaus (Hg.): That's Jazz. Der Sound des 20. Jahrhunderts. Darmstadt (Häusser Verlag), S. 167–186.

Hornung, Alfred (2006): Religion and Afro-Modernism: Claude McKay's Transatlantic System. In: Herget, Winfried & Hornung, Alfred (Hg.): Religion in African-American culture. Heidelberg (Winter), S. 111–128.

Jost, Ekkehard (1997a): Chicago. In: Wolbert, Klaus (Hg.): That's Jazz. Der Sound des 20. Jahrhunderts. Darmstadt (Häusser Verlag), S. 113–126.

Jost, Ekkehard (1997b): Free Jazz. In: Wolbert, Klaus (Hg.) That's Jazz. Der Sound des 20. Jahrhunderts. Darmstadt (Häusser Verlag), S. 241–254.

Klausmeier, Friedrich (1978): Die Lust, sich musikalisch auszudrücken. Eine Einführung in sozio-musikalisches Verhalten. Reinbek (Rowohlt).

Knoblauch, Steven H. (2000): The musical edge of therapeutic dialogue. Hillsdale (NJ), London (The Analytic Press).

Kohut, Heinz & Levarie, Siegmund (1950): Über den Musikgenuß. In: Oberhoff, Bernd (Hg.) (2002): Psychoanalyse und Musik: Eine Bestandsaufnahme. Gießen (Psychosozial-Verlag).

Kohut, Heinz (1957): Betrachtungen über die psychologische Funktion von Musik. In: Oberhoff, Bernd (Hg.) (2002): Psychoanalyse und Musik: Eine Bestandsaufnahme. Gießen (Psychosozial-Verlag).

Kohut, Heinz (1965): Formungen und Umformungen des Narzißmus. In: Kutter, Peter & Roskamp, Hermann (Hg.) (1974): Psychologie des Ich. Psychoanalytische Ich-Psychologie und ihre Anwendungen. Darmstadt (Wissenschaftliche Buchgesellschaft), S. 339–373.

Kohut, Heinz (1976): Narzißmus. Eine Theorie der psychoanalytischen Behandlung narzißtischer Persönlichkeitsstörungen. Übersetzt von Lutz Rosenkötter. Frankfurt a. M. (Suhrkamp).

Lange, Horst H. (1997): »Artfremde Kunst und Musik unerwünscht« – Jazz im Dritten Reich. In: Wolbert, Klaus (Hg.): That's Jazz. Der Sound des 20. Jahrhunderts. Darmstadt (Häusser Verlag), S. 391–404.

Leikert, Sebastian (2005): Die vergessene Kunst. Der Orpheusmythos und die Psychoanalyse der Musik. Gießen (Psychosozial-Verlag).

Leikert, Sebastian (2007): Die Musik des Sprechens und der analytische Prozeß. In: Oberhoff, Bernd (Hg.): Die Psyche im Spiegel der Musik. Musikpsychoanalytische Beiträge. Gießen (Psychosozial-Verlag).

Lichtenberg, Joseph D. (1991): Psychoanalyse und Säuglingsforschung. Übersetzt von M. Baumgart. Berlin/Heidelberg/New York/London/Paris/Tokyo/Hongkong/Barcelona (Springer).

Lichtenberg, Joseph D.; Lachmann, Frank M. & Fosshage, James L. (1992): Das Selbst und die motivationalen Systeme. Zu einer Theorie psychoanalytischer Technik. Aus dem Amerikanischen von Heidemarie Fehlhaber. Frankfurt a. M. (Brandes & Apsel).

Lichtenberg, Joseph D. (1998): Modellszenen und Motivationssysteme – mit besonderer Berücksichtigung körperlicher Erfahrungen. In: Trautmann-Voigt, Sabine & Voigt, Bernd (Hg.): Bewegung ins Unbewußte. Beiträge zur Säuglingsforschung und analytischen KörperPsychotherapie. Frankfurt a. M. (Brandes & Apsel).

Lorenzer, Alfred (1973): Sprachzerstörung und Rekonstruktion. Vorarbeiten zu einer Metatheorie der Psychoanalyse. Frankfurt a. M. (Suhrkamp).

Lorenzer, Alfred (1991): Der Symbolbegriff und seine Problematik in der Psychoanalyse. In: Oelkers, Jürgen & Wegenast, Klaus (Hg.): Das Symbol – Brücke des Verstehens. Stuttgart (Kohlhammer), S. 21–30.

Lorenzer, Alfred (2002): Die Sprache, der Sinn, das Unbewußte. Psychoanalytisches Verständnis und Neurowissenschaften. Stuttgart (Klett-Cotta).

Lotz, Rainer E. (1997): Amerikaner in Europa. In: Wolbert, Klaus (Hg.): That's Jazz. Der Sound des 20. Jahrhunderts. Darmstadt (Häusser Verlag), S. 291–298.

Metzger, Hans-Geert (2005): Über die Angst der Väter vor der frühen Kindheit – psychoanalytische Überlegungen. Psyche – Z psychoanal 59(7), 611–628.

Miller, Manfred (1997): Everyday I have The Blues – Notizen zur Geschichte und Funktion des Blues. In: Wolbert, Klaus (Hg.): That's Jazz. Der Sound des 20. Jahrhunderts. Darmstadt (Häusser Verlag), S. 63–78.

Ploetz, Karl Julius (1991): Grosse Weltgeschichte. 31., aktualisierte Auflage. Darmstadt (Wissenschaftliche Buchgesellschaft).

Quinn, Richard (2004): Jack Kerouac, Charlie Parker, and the Poetic of Beat Improvisation. In: Skerl, Jennie (Hg.): Reconstructing the Beats. New York Basingstoke (Palgrave Macmillan).

Rohr, Elisabeth (1991): Die Zerstörung kultureller Symbolgefüge. Über den Einfluß protestantisch-fundamentalistischer Sekten in Lateinamerika und die Zukunft des indianischen Lebensentwurfs. München (Eberhard).

Rösing, Ina (2001): Die heidnischen Katholiken und das Vaterunser im Rückwärtsgang. Zum Verhältnis von Christentum und Andenreligion. Heidelberg (Winter).

Sandner, Wolfgang (1997): Vorformen des Jazz – Minstrel und Ragtime. In: Wolbert, Klaus (Hg.): That's Jazz. Der Sound des 20. Jahrhunderts. Darmstadt (Häusser Verlag), S. 45–58.

Schmidt, Kerstin (2006): »Plays of Negro Life«: African American Religion as Frame of Reference in Folk Drama of the Harlem Renaissance. In: Herget, Winfried & Hornung, Alfred (Hg.): Religion in African-American culture. Heidelberg (Winter), S. 91–110.

Schumann, Coco (1997): Der Ghetto-Swinger. Eine Jazzlegende erzählt. Aufgezeichnet von Max Christian Graeff und Michaela Haas. München (Deutscher Taschenbuch Verlag).

Schur, Max (1973): Das Es und die Regulationsprinzipien des psychischen Geschehens. Frankfurt a.M. (S. Fischer Verlag).
Siegel, Elaine V. (1998): Gedanken über scheinbar Unvereinbares: Psychoanalyse, Bewegung und Tanz. In: Trautmann-Voigt, Sabine & Voigt, Bernd (Hg.): Bewegung ins Unbewußte. Beiträge zur Säuglingsforschung und analytischen KörperPsychotherapie. Frankfurt a.M. (Brandes & Apsel).
Spitz, René Al (1959): Das Selbst und das Ich. In: Kutter, Peter & Roskamp, Hermann (Hg.) (1974): Psychologie des Ich. Psychoanalytische Ich-Psychologie und ihre Anwendungen. Darmstadt (Wissenschaftliche Buchgesellschaft), S. 262–275.
Starr, S. Frederick (1997): Früher New Orleans Jazz – Legende und Wirklichkeit. In: Wolbert, Klaus (Hg.): That's Jazz. Der Sound des 20. Jahrhunderts. Darmstadt (Häusser Verlag), S. 79–102.
Stern, Daniel (1998): »Now moments«, implizites Wissen und Vitalitätskonturen als neue Basis für psychotherapeutische Modellbildungen. In: Trautmann-Voigt, Sabine & Voigt, Bernd (Hg.): Bewegung ins Unbewußte. Beiträge zur Säuglingsforschung und analytischen KörperPsychotherapie. Frankfurt a.M. (Brandes & Apsel).
Stier, Hans-Erich et al. (1990): Großer Atlas zur Weltgeschichte. München (Orbis).
Thoraval, Yves (1999): Lexikon der islamischen Kultur. Herausgegeben und übersetzt von Ludwig Hagemann und Oliver Lellek. Darmstadt (Wissenschaftliche Buchgesellschaft).
Tietz, Timo (1999): Die Bedeutung der Improvisationstechnik Charlie Parkers für die Entwicklung des Bebop. Inauguraldissertation. Berlin (Eigendruck im Selbstverlag).
Trautmann-Voigt, Sabine (1990): Tanztherapie. Identitätstheoretische Überlegungen zu einem pädagogisch-therapeutischen und einem psychotherapeutischen Konzept. Inauguraldissertation. Oldenburg (Eigendruck im Selbstverlag).

Autorinnen und Autoren

Ulrich Deutschmann, Jg. 1952, Dr. med., Arzt für Psychotherapeutische Medizin, Psychoanalytiker (DGPT), als Psychoanalytiker in freier Praxis tätig. Vorsitzender des Instituts für Psychoanalyse und Psychotherapie Heidelberg-Mannheim e.V. Publikationen: Die Gesundheitsreform und die dunklen Botschaften der Psychoanalyse. In: Psychoanalyse im Widerspruch 22, 1999; Der Professor und die spekulierenden Naturen. Über Mitscherlichs städtebauliches Engagement. In: Psychoanalyse im Widerspruch 40, 2008; Let's play the music and not the background. Die Entdeckung primärprozeßhafter Interaktionsformen in Jazzimprovisation und Psychoanalyse. In: Psychoanalyse im Widerspruch 43, 2010.

Kontakt: UDeutschmannHD@aol.com

Sabine Ehrmann-Herfort, Dr., Studium der Musikwissenschaft, der Klassischen Philologie und der Philosophie an den Universitäten Tübingen und Freiburg im Breisgau, Promotion im Fach Musikwissenschaft. Seit 2002 wissenschaftliche Mitarbeiterin und stellvertretende Leiterin an der Musikgeschichtlichen Abteilung des Deutschen Historischen Instituts in Rom. Zu den Schwerpunkten ihrer Forschung gehören Oper und Musiktheater, musikalische Terminologie, italienische Musikgeschichte und Musiktheorie, Fragen der Berufspraxis in der Musikwissenschaft, Migrationsforschung. Veröffentlichungen u.a.: Sammelband »Europäische Musikgeschichte«, hrsg. von Sabine

Ehrmann-Herfort, Ludwig Finscher und Giselher Schubert, 2 Bände, Kassel und Stuttgart 2002, und der Band »Georg Friedrich Händel in Rom«, hrsg. von Sabine Ehrmann-Herfort und Matthias Schnettger, Analecta musicologica 44, Kassel 2010.

Kontakt: Via Aurelia Antica 391 – I-00165 Roma, E-Mail: ehrmann-herfort@dhi-roma.it, Homepage: http://www.dhi-roma.it

Anja Guck-Nigrelli, Dr. med., staatl. gepr. Übersetzerin für Italienisch, Fachärztin für psychotherapeutische Medizin, Psychoanalytikerin (DGPT) in eigener Praxis in Ludwigshafen. Private Gesangsausbildung, langjährige aktive Mitgliedschaft im Extrachor eines Staatstheaters. Vorstandsmitglied der Deutschen Gesellschaft für Psychoanalyse und Musik.

Kontakt: Dr. med. Anja Guck-Nigrelli, Schützenstr. 26, 67061 Ludwigshafen, Fon 0621–6290762

Hannes König, Jg. 1988, Psychologiestudent an der Alpen-Adria Universität Klagenfurt; Studienassistent an der Abteilung für Klinische Psychologie, Psychotherapie und Psychoanalyse.

Kontakt: Lind 141 – A–9753 Kleblach-Lind, E-Mail: hannes.koenig@uni-klu.ac.at

Sebastian Leikert, Jg. 1961, Dr. en Psychanalyse, Dipl.-Psych., Psychoanalytiker, Psychologischer Psychotherapeut. Niedergelassen in freier Praxis in Karlsruhe. Dozent am Institut für Psychoanalyse und Psychotherapie Heidelberg-Mannheim. Vorsitzender der Deutschen Gesellschaft für Psychoanalyse und Musik. Forschungsprojekte zu Therapieprozessen. Arbeiten zu ästhetischen Fragestellungen. Letzte Buchveröffentlichung: Den Spiegel durchqueren. Die kinetische Semantik in Musik und Psychoanalyse, Psychosozial-Verlag, Gießen 2008.

Kontakt: E-Mail: s.leikert@web.de. Hompage: www.sebastian-leikert.de

Antje Niebuhr, Dipl.-Psych., Psychologische Pschotherapeutin Psychoanalytikerin in eigener Praxis. Lehranalytikerin und Supervisorin am Bremer Psychoanalytischen Institut (DGPT, DPG). Organisation der Reihe »Musik und Psychoanalyse« am Bremer Institut. Zusammenarbeit mit dem Bremer Musiker Uli Sobotta seit 2003 zum Thema Improvisation in Psychotherapie und Musik. Mitgründerin und Vorstandsmitglied der Deutschen Gesellschaft für Psychoanalyse und Musik. Veröffentlichungen: Analytisches Verstehen durch musikalische Transformation, in: Die Psyche im Spiegel der Musik, Psychosozial-Verlag, Gießen 2007.

Kontakt: Hollerallee 5 – 28209 Bremen. E-Mail: antjeniebuhr@web.de

BERND OBERHOFF, Jg. 1943, PD Dr. phil., Dipl.-Psych., Musikpsychoanalytiker, Gruppenanalytiker (DAGG), Privatdozent für Soziale Therapie an der Universität Kassel, Supervisor in freier Praxis in Münster. Vorstandsmitglied der Deutschen Gesellschaft für Psychoanalyse und Musik. Zahlreiche Buchveröffentlichungen im Bereich »Musikpsychoanalyse«, darunter 12 psychoanalytische Opernführer zu Opern von Mozart, Gluck, v. Weber und Wagner, sowie drei musikpsychoanalytische Studien über Christoph Willibald Gluck (1999), Heinrich Schütz (2006) und Wolfgang Amadeus Mozart (2008).

Kontakt: oberhoff@t-online.de

DIETER OHLMEIER, Jg. 1936, Prof. emeritus, Dr. med., Dipl.-Psych., ehemaliger Inhaber des Lehrstuhls für Psychoanalyse und Psychotherapie an der Universität Kassel und Mitherausgeber der Zeitschrift »Freie Assoziation«. Lehranalytiker der Deutschen Psychoanalytischen Vereinigung. Arbeitsgebiete: Psychoanalyse schwerer Körperkrankheiten (einschl. AIDS), psychoanalytische Gruppenforschung und psychoanalytische Literaturforschung.

Kontakt: Tel.: 05543–2190; Fax: 05543–4644

THOMAS SEEDORF, Jg. 1961, Prof. Dr. phil. im Fach Musikwissenschaft, seit 2006 Professor für Musikwissenschaft an der Hochschule für Musik Karlsruhe. Sprecher der Fachgruppe »Aufführungspraxis und Interpretationsforschung« der Gesellschaft für Musikforschung, Vorsitzender des Kuratoriums des Max-Reger-Instituts/Elsa-Reger-Stiftung in Karlsruhe und Mitherausgeber der Reger-Werkausgabe, Vorstandsmitglied der Internationalen Schubert-Gesellschaft sowie Herausgeber der Veröffentlichungen der Internationalen Händel-Akademie Karlsruhe. Hauptforschungsinteressen: Liedgeschichte und -analyse, Aufführungspraxis sowie insbesondere die Theorie und Geschichte des Kunstgesangs. Letzte Buchveröffentlichung: Lied und Lyrik um 1900, hg. gemeinsam mit Dieter Martin, Würzburg 2010.

Kontakt: Scheffelstraße 36 – 79102 Freiburg, E-Mail: seedorf@hfm.eu

Deutsche Gesellschaft für Psychoanalyse und Musik e.V.
www.psychoanalyse-und-musik.de

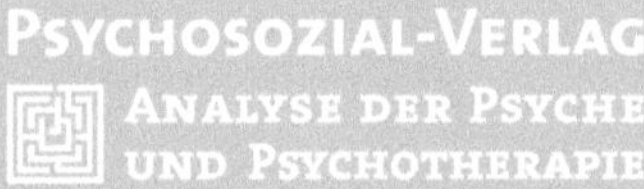

Günter Gödde, Michael B. Buchholz

Unbewusstes

2011 · 138 Seiten · Broschur
ISBN 978-3-8379-2068-0

Ursprünglich als philosophische Problemstellung aufgekommen, erhob Freud das »Unbewusste« zum Zentralbegriff der Psychoanalyse. Die Autoren zeichnen die Entwicklung des Begriffs in seiner ganzen Vielfalt nach und unterscheiden dabei zwischen einem vertikalen und horizontalen Modell des Unbewussten. Um das Konzept des Unbewussten in all seiner Komplexität zu begreifen, müssen beide Modelle in ihrem Zusammenspiel berücksichtigt werden. Dies birgt ein neues Verständnis des Verhältnisses von psychoanalytischer Theorie und Praxis.

Mathias Hirsch

Trauma

2011 · 138 Seiten · Broschur
ISBN 978-3-8379-2056-7

Die Psychoanalyse begann als Traumatheorie, entwickelte sich zur Triebpsychologie und kann heute als Beziehungspsychologie verstanden werden, die (traumatisierende) Beziehungserfahrungen als Ursache schwerer psychischer Störungen sieht. Dabei dient die Internalisierung von Gewalterfahrungen eher der Bewältigung lang andauernder »komplexer« Beziehungstraumata, akute Extremtraumatisierungen haben hingegen Dissoziationen zur Folge. Der Begriff »Trauma« sowie der Umgang mit Traumatisierung in der Therapie werden vorgestellt.

Die kompakten Bände der Reihe »Analyse der Psyche und Psychotherapie« widmen sich jeweils einem zentralen Begriff der Psychoanalyse, zeichnen dessen historische Entwicklung nach und erläutern den neuesten Stand der wissenschaftlichen Diskussion.

Walltorstr. 10 · 35390 Gießen · Tel. 0641-969978-18 · Fax 0641-969978-19
bestellung@psychosozial-verlag.de · www.psychosozial-verlag.de

Psychosozial-Verlag
Analyse der Psyche und Psychotherapie

Wolfgang Berner

Perversion

2011 · 139 Seiten · Broschur
ISBN 978-3-8379-2067-3

Das Studium der Perversionen eröffnete Freud tiefe Einsichten in die Funktionsweise von Sexualität und Erotik, die für seine Theoriebildung über die menschliche Psyche von entscheidender Bedeutung waren. Viele dieser Einsichten haben bis heute ihre Gültigkeit, viele wurden inzwischen ergänzt und differenziert. In dem Band wird gezeigt, dass und wie die klassische Psychoanalyse – etwa bei Fetischismus, Exhibitionismus oder Sadismus – hilfreich sein kann. Es werden die für eine Perversionstherapie notwendigen Parameter betrachtet und auch weitere Therapieformen vorgestellt.

Hans Sohni

Geschwisterdynamik

Erscheint im Oktober 2011 · ca. 140 Seiten
Broschur · ISBN 978-3-8379-2117-5

Mit Geschwistern verbindet man die Vorstellung von tiefer Verbundenheit, aber auch von Rivalität. Sie sind in Mythologie und Märchen, in Romanen und Filmen allgegenwärtig. Bis in die 1980er Jahre wurden Geschwisterbeziehungen beinahe vollständig aus dem psychoanalytischen Diskurs ausgeblendet. Dem setzt Hans Sohni eine psychoanalytische Entwicklungspsychologie lebendiger Geschwisterbeziehungen entgegen. Er beleuchtet den Einfluss des Geschwisterstatus auf die Persönlichkeitsentwicklung und untersucht die Dynamik von Abgrenzung und Bezogenheit.

Die kompakten Bände der Reihe »Analyse der Psyche und Psychotherapie« widmen sich jeweils einem zentralen Begriff der Psychoanalyse, zeichnen dessen historische Entwicklung nach und erläutern den neuesten Stand der wissenschaftlichen Diskussion.

Walltorstr. 10 · 35390 Gießen · Tel. 0641-969978-18 · Fax 0641-969978-19
bestellung@psychosozial-verlag.de · www.psychosozial-verlag.de

Psychosozial-Verlag

Bernd Oberhoff, Sebastian Leikert (Hg.)

Opernanalyse

Musikpsychoanalytische Beiträge

2009 · 232 Seiten · Broschur
ISBN 978-3-8379-2024-6

Oper ist Seelendrama und fordert die Psychoanalyse heraus, beim Verstehen jener vielschichtigen Vorgänge behilflich zu sein. Dieser Sammelband zeugt davon, dass das Operngeschehen eminent psychologisch ist und wie entwicklungs- und persönlichkeitspsychologische, ja, psychopathologische Phänomene in den Opern von Monteverdi bis Britten thematisiert werden. Die neuen und tiefgründigen Einsichten, die dieser Band vermittelt, machen klar, welche bislang noch unausgeschöpften Erkenntnismöglichkeiten die Musikpsychoanalyse bietet.

Mathias Hirsch

Die Matthäus-Passion Johann Sebastian Bachs

Ein psychoanalytischer Musikführer

2008 · 156 Seiten · Broschur
ISBN 978-3-89806-755-3

Bachs Matthäus-Passion wird musikwissenschaftlich, theologisch und v.a. psychoanalytisch als wundervolle musikalische Darstellung eines Dramas von Liebe, Verrat, Verlust und damit Schuld verstanden. Die Matthäus-Passion ist eine musikalische Trauerarbeit, die zur Versöhnung mit tragischen Aspekten des Menschseins führt. Die wenigen Monografien zur Matthäuspassion werden hier durch eine einzigartige Untersuchung ergänzt, die musikwissenschaftliche, theologische und psychoanalytische Aspekte vereinigt.

Walltorstr. 10 · 35390 Gießen · Tel. 0641-969978-18 · Fax 0641-969978-19
bestellung@psychosozial-verlag.de · www.psychosozial-verlag.de

Psychosozial-Verlag

Sebastian Leikert

Den Spiegel durchqueren

Die kinetische Semantik in Musik und Psychoanalyse

2008 · 255 Seiten · Broschur
ISBN 978-3-89806-869-7

Musik ist Literatur in einer anderen Sprache – in der kinetischen Semantik. Im Gegensatz zur lexikalischen Semantik der Sprache wird in der Musik Bedeutung durch kunstvoll verflochtene Bewegungsfolgen erzeugt. Diese Bewegungsfolgen werden nicht, wie die Sprache, gedanklich dekodiert, sondern vom Hörer dadurch rezipiert, dass sie im Körpertonus nachgeahmt werden und auf diese Weise unmittelbar emotional wirken. Dieser archaische Modus der Aufnahme von Bedeutung ist bereits vorgeburtlich nachweisbar; er wird in der Musik kultiviert und spielt auch in der klinischen Arbeit eine bedeutsame Rolle.

»Leikert nennt seine Theorie der Musik ›sehr einfach‹. Der Grundgedanke ist es, die Ausführung weitreichend und die Verbindung zwischen Psychoanalyse und Musik endlich überzeugend. Hier wird Neuland betreten.«

Michael B. Buchholz

Karin Nohr

Der Musiker und sein Instrument

Studien zu einer besonderen Form der Bezogenheit

2010 · 271 Seiten · Broschur
ISBN 978-3-8379-2032-1

Die Wahl eines Instruments ist für Musiker der Auftakt einer oft schicksalhaften Beziehung. Wie werden Instrumente erwählt? Wie empfinden Musiker ihre Bindung zum Instrument? Karin Nohr wertet 41 Instrumentalistenautobiografien aus und kommt zu überraschenden Ergebnissen, die auch für Laienmusiker Gültigkeit haben: Ob Zwilling, Partner, Schatten, Feind – immer wird das Instrument zum Spiegel des Selbst, enthält symbolische Vermächtnisse in Form elterlicher Werte, Ansprüche, Ideale, an denen die Musiker wachsen oder scheitern.

Das Spielen eines Instruments stellt so eine Herausforderung dar, das Eigene aus dem Aufgetragenen heraus zu entwickeln. Vier Einzelfallstudien veranschaulichen den theoretischen Bezugsrahmen, der die akademische Musikpsychologie mit der psychoanalytischen Kreativitätsforschung verbindet.

Walltorstr. 10 · 35390 Gießen · Tel. 0641-969978-18 · Fax 0641-969978-19
bestellung@psychosozial-verlag.de · www.psychosozial-verlag.de

www.ingramcontent.com/pod-product-compliance
Ingram Content Group UK Ltd.
Pitfield, Milton Keynes, MK11 3LW, UK
UKHW040025200726
13854UKWH00001B/363

9 783837 921465